林业经济与管理学术文库

森林资源资产价格及评估方法研究

张卫民　著

中国林业出版社

图书在版编目（CIP）数据

森林资源资产价格及评估方法研究/张卫民著．—北京：中国林业出版社，2010.9
（林业经济与管理学术文库）

ISBN 978-7-5038-5913-7

Ⅰ．①森…　Ⅱ．①张…　Ⅲ．①森林资源 – 资产评估　Ⅳ．①F307.26

中国版本图书馆 CIP 数据核字（2010）第 170371 号

出　版　中国林业出版社（100009　北京西城区刘海胡同 7 号）
网　址：lycb. forestry. gov. cn
E-mail：forestbook@ 163. com　电话：（010）83222880
发　行：中国林业出版社
印　刷　北京北林印刷厂
版　次：2010 年 9 月第 1 版
印　次：2010 年 9 月第 1 次
开　本：787mm×960mm　1/16
印　张：12
字　数：179 千字
印　数：1～1000 册
定　价：45.00 元

序

《森林资源资产价格及评估方法研究》一书是作者根据他的博士论文修订的，作为他的导师，很高兴看到自己学生的研究成果作为专著出版。

森林资源资产评估是商品林建设机制市场化改革和森林资源资产化管理的一项基础工作，随着我国林权制度改革的进一步深入，迫切需要建立规范运行的林业要素市场，推进森林、林木和林地使用权的合理流转，这对森林资源资产评估的研究提出了更高的要求。该书针对我国森林资源资产评估研究存在的薄弱环节，以完善森林资源资产评估理论和方法体系为研究目的，对森林资源的价格基础、价格特征、价格类型及价格影响因素等理论问题以及森林资源资产的评估方法进行了深入系统的分析研究，取得了许多有意义的研究结论：在理论研究部分，该书以马克思政治经济学的价值和价格理论为基础，对森林资源价值和价格问题进行了深入的分析探讨；根据我国实行土地用途管制和森林资源保护制度对森林资源资产业务的影响，将森林资源资产的价格分为在用价格和转用价格两大类型，以新的视角构建了森林资源资产的价格体系；在评估方法研究部分，以《森林资源资产评估技术规范（试行)》为主要研究对象，分市价法、成本法和收益法，对我国现行的森林资源资产评估方法进行了系统深入的研究，在评估方法分类、方法的构建以及关键技术经济参数的内涵及确定方法等方面都提出了一些见解和改进意见；以林地征用价格为主要研究对象，研究了森林资源转用价格的构成和评估方法，认为林地征用价格由林地收益价格、林地的社会保障价格和林地的生态补偿价格构成，通过分别评估其各项价格来确定林地征用价格，并在研究林地征用价格的基础上，探讨了其他森林资源资产转用价格的评估。

该书内容丰富，结构严谨，视角独特，在许多问题上提出了创新性的观点，显示出作者较强的理论功底和较高的研究水平，这也是作者长期积累的结果。作者研究生毕业留校后，于1994年承担了北京林业大学经济管理学院《资产评估学》课程的教学任务；1995年作为主要研究人员参与了林业部森林资源资产化管理试点和资产评估的课题研究，取得了一系列的研究成果，其中《森林资源资产评估技术规范的研究和制定》于1997年获林业部科技成果二等奖；2002年又参与了《森林资源资产评估》一书的编写工作。长期致力于这一领域的研究，再加上攻读博士学位期间的深入研究，为该项成果的取得奠定了坚实的基础。希望作者继续就该领域相关问题进行更深入的研究，为我国森林资源资产评估事业发展做出更大的贡献。

任恒祺

2010 年 7 月 26 日

前　言

　　森林资源资产评估是森林资源资产业务规范发展的一项重要基础性工作，无论是森林资产产权变动和资产流转，还是森林抵押贷款、融资租赁、资产保险等信用和金融类资产业务，都需要森林资产价格方面的信息。森林资源资产评估的深入研究，有利于林业要素市场的建立和规范运行，对深化我国林权制度改革，加快林业产业体系建设和发展，实现森林资源可持续发展都将起到积极的作用。

　　目前，我国森林资源资产评估发展和研究的现状是：在评估管理方面的成果较多，管理工作走在了前面；缺乏系统深入的理论研究，尤其是基础理论研究相对薄弱；评估方法偏重于操作层面，对评估方法中涉及的技术经济参数缺乏深入研究，许多停留在经验判断的层面上。因此，本研究以完善森林资源资产评估理论和方法体系为目的，在对传统的森林评价学的发展轨迹进行梳理的基础上，立足于森林资源资产业务中的价格问题，对森林资源的价格基础、价格特征、价格类型及价格影响因素等价格理论问题进行了分析研究，并以理论研究为基础，对现行的森林资源资产评估方法进行了系统深入的研究，在评估方法分类、方法的改进以及关键技术经济参数的内涵及确定方法等方面提出了新的观点和改进意见。

　　本文主要研究内容包括以下五个方面：

　　第一，森林资源资产的概念辨析。按照森林——→森林资源

——森林资源资产的逻辑顺序，考察了森林资源资产的概念及其内涵，认为森林资源资产是具备了资产属性和特征的森林资源。界定了森林资源资产评估的概念和基本原理，并对森林资源资产计价相关的概念包括森林资源资产评估、森林资源资产会计计价、森林资源价值评价（效益分析）进行了辨析。本文从资产评估的视角，将森林资源资产划分为林木资产、林地资产以及林木与林地合一的森林资产，认为森林景观资产是森林资产的一种特殊表现形态。

第二，森林资源价值与价格理论的探讨。分析了近代经济学从价值理论和价格理论的主要观点和发展轨迹，确定了以马克思政治经济学的价值和价格理论作为研究森林资源价格理论的理论基础。马克思劳动价值论是本质上揭示商品生产的规律，是抽象的理论分析；马克思的生产价格理论和地租理论是劳动价值理论由抽象层面向具体化的过渡，是价值规律在社会生产较高阶段的表现。基于以上观点，本文提出了森林资源的价值和价格理论论述：人工林的价值就是人工林生产和再生产中凝结的人类的一般劳动；人工林虽然具有价值，但直接决定价格的因素是生产价格；人工林的生产价格是价值的转化形式，人工林的价格以生产价格为基础，受供需影响而波动；林地和天然林的价格基础不是价值，而是资本化的地租，林地和天然林的价格以资本化的地租为基础，主要受需求影响而波动。

第三，森林资源资产价格类型及影响因素分析。在森林资源资产价值和价格进行理论探讨的基础上，从更为具体的层面——价格表现的层面上，进一步探讨森林资源资产的构成和价格特征。根据我国实行土地用途管制制度和森林资源保护政策对森林资源资产业务的影响，将森林资源资产的价格分为流转价格和转用价格两类：流转价格是指森林资源资产按现用途继续经营情况下的价格，即森林资源资产在不改变用途的前提下在不同经营主体之间发生资产业务时的价格；转用价格是森林资源资产按规定的审批权限报批后，转变为非林业用途的价格。依据新的分类方法构建了森林资源资产的价格体系，并分析了森林资源资产价格的影响因素，为评估方法研究作了铺垫。

第四，森林资源资产评估方法研究。以《森林资源资产评估技术规范（试行）》中的评估方法为主要研究对象，分别市价法、成本法和收益法，对森林资源资产流转价格类型的评估方法进行了研究。对森林资源资产的评估方法在方法分类、方法的构建以及关键技术经济参数的内涵及确定方法等方面提出了一些见解和改进意见。在市价法中提出了森林立地区域和行政区域结合选择参照物的原则，改进了林分质量和地利等级调整系数计算方法，并采用不同组合分别确定适用于林木、林地和森林资产的综合调整系数。在成本法中，重点对现行的基于重置成本标准的林木资产评估方法的缺陷进行了研究，提出了新的林木资产成本法评估方法，并对成本法中如何处理林地使用费和如何确定利率进行了探讨。在收益法中，重点研究了折现率的内涵和确定原则，并对森林资源资产评估中折现率的测算方法进行了实证研究。

第五，森林资源资产转用价格探讨。根据森林资源资产转用及其产生的法律环境，用资产评估理论上分析了转用价格的内涵，认为在我国的法律框架下，森林资源资产评估的结果是森林资源资产在限定条件下的价格，并非完全意义上的市场价格；森林资源资产转用价格不是转用后的价格，而是有限补偿价格。研究了林地征用价格的构成和评估方法，认为林地征用价格由林地收益价格、林地的社会保障价格和林地的生态补偿价格构成，通过分别评估其各项价格来确定林地征用价格。在研究林地征用价格的基础上，探讨了其他森林资源资产转用价格的评估。

本研究在森林资源资产价值价格理论的构建、资产价格的分类、评估方法的改进等方面都取得了一些成果，并提出了下

一步需要继续研究问题，相信这些研究成果将会推进了我国森
林资源资产评估的发展。

　　　　　　　　　　　　　　　　　　　　著　者
　　　　　　　　　　　　　　　　　　　2010 年 7 月 26 日

目 录

第1章
引　言

1.1　研究的背景

森林是陆地生态系统的主体，是人类发展不可缺少的重要自然资源，对社会经济的可持续发展具有极其重要的战略意义。森林具有经济、生态及社会三大效益，它不仅为人类提供木材和其他各种经济产品，而且具有维护生态环境的功能，诸如涵养水源和保持水土、吸收有毒有害气体、阻滞粉尘和减低噪声、防风固沙、调节气候等，对改善生态环境、维护生态平衡起着决定性的作用。

传统林业主要是提供木材的基础产业，主要目标是追求经济利益，造成森林资源过度消耗。随着森林资源锐减，引发了如水土流失、土壤退化、沙漠化扩大、水资源危机、生物多样性丧失、温室效应、大气污染和噪音污染等全球性的生态环境危机。由于森林破坏而引发的一系列生态环境问题，对人类生存与发展构成了巨大威胁，森林作为陆地生态系统主体所具备的生态功能，引起了全社会的广泛关注，尤其是1992年巴西里约热内卢世界环境与发展大会后，可持续发展的理念不断深入人心，森林的生态效益成为国际社会关注的焦点。之后，我国政府于1995年6月制定了林业可持续发展战略《中国21世纪行动议程——林业行动计划》，明确指出：森林资源是林业可持续发展的基础，生态环境建设是林业可持续发展的重点；实施林业可持续发展战略将促进森林资源培育和生态环境建设，以满足经济、社会可持续发展对森林资源的数量和质量，以及森林生态系统环境服务功能的要求。由此，国家开始实施以生态建设为主的林业发展战略，森林从传统的生产木材为主转向为社会提供多种需求（周生贤，2002；张蕾，2007）。

实施以生态建设为主的林业发展战略不等于只抓生态建设而不注重产业发展，由于我国正处于工业化中期，经济的高速发展要求森林提供大量的木材产品，而开发森林资源大量生产木材产品又将导致生态环境的进一步恶化。为协调二者的矛盾，促进林业健康发展，1995 年，国家经济体制改革委员会和林业部联合颁发的《林业经济体制改革总体纲要》推出了以分类经营改革为主题的林业经济体制改革总体方案，提出在我国现实经济条件下，根据社会对森林的生态和经济需求，按照森林多种功能主导利用的方向不同，将森林资源划分为生态公益林和商品林两大类，实施分类经营。分类经营在明确森林功能主导利用的前提下，以少量的商品林生产较大量的木材和林产品，以大量的生态公益林发挥生态效益，从而达到既满足人们的经济需要，又满足生态需求（张蕾，2007）。实施以生态环境建设为主的林业发展战略，客观上也要求以少量条件适宜的森林资源用于生产木材等商品林建设，以保障更大部分的森林资源承担生态体系的建设。因此，商品林建设是林业产业发展与生态环境建设的平衡调节器，建设好商品林体系，既能满足国家经济建设的需要，又能保障和促进生态建设的需要，是实现林业发展战略目标的关键点之一（曹建华等，2004）。

林业分类经营改革的核心内容是对生态公益林和商品林实施不同的经济政策、管理体制和运行机制（张蕾，2007），商品林体系要按照市场经济的规律和运行机制为主来建设、管理和运行，发挥市场在资源配置中的基础作用，这就要求通过森林资源资产流转落实收益权和处置权，构建商品林建设的微观基础。1995 年国家体改委和林业部联合下发的《林业经济体制改革总体纲要》中提出"开辟人工活立木市场，允许通过招标、拍卖、租赁、抵押、委托经营等形式，使森林资产变现"；1995 年 11 月 10 日，由林业部和国家国有资产管理局联合发布实施的《关于森林资源资产产权变动有关问题的规范意见（试行）》，对森林资源资产产权变动及相应的森林资源资产评估工作提出了管理规定；1998年新修正的《中华人民共和国森林法》（以下简称《森林法》）增加了商品林作为资产流转的相关规定：用材林、经济林、薪炭林的森林、林木、林地使用权及其采伐迹地、火烧迹地的林地使用权，国务院规定的其他森林、林木和其他林地使用权可以依法转让，也可以依法作价入股或者作为合资、合作造林、经营林木的出资、合作条件。2003年中共中央、国务院在《关于加快林业发展的决定》中明确了以集体林区林地权益为核心的林权制度改革，并提出要加快推进森林、林木和林地使用权的合理流转。

南方集体林区林权制度改革进一步推动了森林资源资产的流转。福建省2003年全面启动了集体林权制度改革后，针对1997年颁布的《福建省森林资源流转条例》存在的审批环节和程序偏多等问题，于2005年重新修订《福建省森林资源流转条例》，取消了原条例中的一些审批环节和程序，使森林资源流转更加便捷、顺畅。为建立健全森林资源流转的运行机制，全省陆续建立了森林资源流转的服务平台。福建省永安市在基本完成林改主体任务后，于2004年5月成立林权登记管理中心，并以中心为平台，使林木林地可以进行流转、抵押，可以实现盘活、变现，从而确保了森林资源资产所有权、经营权、处置权、收益权"四权"的全面实现。2004年10月，在原林权登记管理中心的基础上，永安市在全国率先建立林业要素市场，林业要素市场包括林权登记管理中心、森林资源资产评估中心、木竹交易中心、林业科技与法律服务中心、林业劳动力培训中心共5个中心，为森林资源资产流转、产权交易和抵押贷款等资产业务提供全方位服务。

江西省在林改过程中，对森林资源流转工作高度重视，将"规范流转"作为林改的重要内容，2004年9月制定了《江西省森林资源转让条例》地方性法规，明确了转让范围，规范了转让程序，并采取了一系列措施，确保森林资源流转交易活动规范、有序地进行。据调查统计，到2008年6月，全省林改以来共流转（不含抵押）山林10214起、面积287.86万亩、交易金额14.94亿元；全省已有50个县（市、区）建立了林业产权交易中心，有 20 个县(市、区)的产权交易中心正在建设中；已建成的产权交易中心，大多数开展了相关业务，并办理了 3378 宗、面积 74.48 万亩、金额 22.5 亿元的林权抵押贷款业务，有效地满足了广大林业经营者的需要。

2008 年中共中央、国务院发布了《关于全面推进集体林权制度改革的意见》，要求用 5 年的时间基本完成集体林区林权制度改革的任务，提出在林农获得林地经营权之后，政府要加强金融、保险、财政支持力度，并提出加强对林地承包经营权流转的引导和服务是推动集体林权制度改革的重要保障措施，应着力加以规范和发展。

2009 年 10 月，国家林业局出台了《关于切实加强集体林权流转管理工作的意见》，在强调依法管理和规范流转行为的同时，要求各地要切实加强集体林权流转服务平台建设，做好集体林权流转服务，做好流转森林资源资产评估工作，做好集体林权流转的金融服务工作。2009 年 11 月，中国林权交易所在北京正式揭牌运营，中国林业产权交易所是经国务院批准成立的全国性林权及森林资源的市场交易平台，将提供全国范围林木林地交易托管及信息查询服务、林权证抵押融资、森林资源资产评估、大宗林业商品交易等服务。

随着我国林权制度改革的逐步深入，各地林权流转行为逐步活跃，林权流转市场逐步扩大。森林资源资产流转、产权交易、抵押贷款、森林保险等资产业务的开展，对森林资源资产价格问题的研究提出了现实的需求。价格是市场机制的核心要素之一，通过市场价格和供求关系的变化实现生产要素的流动和分配，才能发挥市场在资源配置中的基础作用。随着我国林权制度改革深入和商品林建设向产业化市场化发展，相应的要求对森林资源资产价格的相关理论及其评估方法进行更加系统深入的研究。

1.2　研究的目的和意义

本研究立足于森林资源资产流转和其他资产业务的需求，对森林资源资产概念和内涵、森林资源资产的价格基础、价格构成、价格表现形态和价格影响因素等理论问题，以及森林资源资产价格评估方法进行深入分析研究。目的是通过深入系统研究，进一步完善森林资源资产评估的理论和方法体系，为我国开展森林资产业务提供理论和技术支撑。

森林资源资产是一种特殊性质的资产，对森林资源资产价格理论及资产评估方法进行研究，具有以下两方面的意义：

（1）完善我国森林资源资产评估理论和方法。资产评估是商品经济发展到一定阶段的产物，随着现代商品经济的发展，生产要素流动和组合的市场化程度日益提高，也推动了资产业务的发展，从资产产权变动发展到抵押贷款、融资租赁、财产保险等与信用和金融相关的资产业务。资产业务的发展带来的对资产评估的需求，使得资产评估成为一个专门的行业（朱萍，2008）。我国森林资源资产评估是在传统的森林评价基础上，结合现代资产评估理论方法发展起来的。它既是林业经济学研究的范畴，也是林学中森林经理学研究的范畴。目前，森林资源资产评估的总体框架已基本形成。然而，由于发展时间较短，在许多问题上仍有待于进一步研究与完善。我国森林资源资产评估的研究现状来看，存在两个方面的问题：一是以应用性研究为主，对评估管理、评估方法的应用等评估实务问题研究较多，从资产价格理论分析着手，以价格理论与评估方法相结合的研究较少，对林地征占用等特殊类型的资产价格及评估的研究基本处于空白；二是缺乏对评估方法的深入研究，特别是有关技术经济参数的深入研究不够，许多停留在经验判断的层面上。因此本文尝试从理论分析出发，在对我国森林资源资产价格进行理论分析的基础上，对森林资源资产评估方法进行系统深入的探讨，努力完善我国森林资源资产评估的理论和方法体系。

（2）为我国林权制度改革和林业要素市场建立完善提供基础性支撑。中共中央、国务院《关于加快林业发展的决定》明确要求，要加快推进森林、林木和林地使用权的合理流转。价格是市场运行的核心问题，森林资源资产这种特殊的商品也不例外，随着我国林权制度改革深入和林业要素市场的发育和发展，林业投资主体多元化，森林资源资产的出售、出租、拍卖和贷款抵押、联营投资等资产业务日益增多，对森林资源资产价格的相关理论和评估方法研究提出了更高的要求。森林资源资产评估是保障和促进森林资源资产业务规范发展的一项重要基础性工作，在促进我国林权制度改革和林业要素市场建立和运行方面发挥着基础作用。第一，为森林资源资产业务提供价值尺度，在林业生产要素和产权由市场配置的情况下，通过资产评估提供公正合理的价值尺度，才能保证资产业务的顺利进行；第二，界定和维护各产权主体的合法权益，在现代产权制度下，所有权和经营权相对分离，并广泛存在产权流转，更需要通过资产评估公正地界定和估算森林资源资产相关产权主体的权益，维护各产权主体的合法权益；第三，优化资源配置，林业要素市场的形成是发挥市场在资源配置尤其是商品林资源配置中的主导作用的重要环节，作为林业要素市场建立和运行的基础性工作，资产评估不仅能起到保障市场有序运行的作用，还可以提供正确信息，起到优化资源配置的作用；此外，通过森林资源资产评估，促进林业企事业单位加强对其所拥有或控制的森林资源资产从实物量和价值量两方面同时进行核算和监督，在防范国有森林资源资产的流失、加快国有林业企业的改革顺利进行、提高林业的社会地位等方面都具有不可替代的重要作用。

因此，对森林资源资产价格和评估方法的深入研究，对深化我国林权制度改革，加快社会主义市场经济体制下现代林业经营体系的建立，促进林业产业体系建设和发展，最终实现森林资源可持续发展都将起到积极的作用。

1.3　国内外研究动态

森林价格问题研究的起源是研究林地、林分、森林买卖、征用时的补偿等经济行为的林价算法，以后逐步发展成为一种研究和森林评价方法有关的计算技术的实用性学科——森林评价学（井上由扶，1982）。20世纪70年代以后，随着森林破坏引发的生态问题日益严重，森林生态效益逐步代替经济效益成为森林的主要功能，以生态补偿和环境核算为主要目的的森林生态环境评价成为森林评价学的研究重点；而传统的森林经济评价则随着森林资源资产化管理实践和研究的深入而发展成为相对独立的森林资源资产评估科学。

1.3.1 森林评价的研究与进展

1.3.1.1 森林经济评价的研究与发展

工业革命前，人类坚信资源"取之不尽"这一与生俱来的概念，获取生活必需品只需举手之劳，一个地方的资源耗尽以后便转移到另一个地方，这一时期，人们对森林资源的评价，大致限于对资源的实物量的计测研究。虽然在 16 世纪后期已经出现森林经济研究，但当时处于封建社会，一般不准买卖森林，除木材商品交易外，对森林评价的必要性是很少考虑的。到 19 世纪，受亚当·史密斯的自由经济思想的影响，在德国开始对国有林实行买卖，并撤销对私有林买卖的限制，这就更加需要对森林加以客观的评价，从而推动了森林价格测算方法的研究和森林评价学的形成。

德国最初的林木评价法是 Cotta（1804）所倡导的由营造森林所需要的费用加上按单利计算利息作为林木价的生产费用价法，Hundeshagen（1826）在 Cotta 的生产费用基础上，把森林生产费用与木材收获对比，提出了纯收获的概念，形成了林木期望价的雏形。从 1830 年开始，由于追求利益的思潮普遍化，复利计算导入林价算法，先后提出了费用价和期望价等用于林木、林地买卖的评价方法。其中 Faustmann 提出了林木费用价式和林地期望价评价方法；Pressler 所提出的林业收益理论是以最大的土地纯收益作为经营原则，为土地纯收益理论奠定基础；Endres（1895）所完成的林价算法教科书，被誉为 19 世纪为止古典学说的名著（井上由扶，1982）。

进入 20 世纪后，以 Glaser（1912）为代表的学者从许多现实资料中导出了多种不包括利率的实用简易评价公式，包括格拉泽式、格拉泽修正式、马丁艾特式、弗赖伊式、年龄价值曲线法、年龄价值系数法、林木价表法等。另一方面，随着经营学的发展，林业经营经济的研究盛行，Eberbach(1923)等学者先后提出了贴现采伐价法等实用的林价计算方法。于是 Reinhold(1931)和 Dieterich(1939)等人把林价算法吸收到林业经济学的体系中来，使得林价算法转变到具有实际意义的近代森林评价法的轨道上去。第二次世界大战后，Dieterich(1950)等学者在林业盈亏计算方面对森林评价进行了研究，Tromp(1946)、Hohl(1952)、Speer(1959)、Wobst(1960)、Speidel(1967)等学者提出相关理论，并对林业成本计算进行了研究，但对近代森林评价进行新的研究仍不多，只是Mantel(1954)的著作有一定的实用意义(井上由扶，1982)。

日本的森林评价法是从 19 世纪 80 年代的古典林价算法开始的，多属于德国体系，所经历的发展过程大体上与德国相同，而关于评价理论的研究则比较少，对于林地、林木、森林买卖、交换、补偿等资产交易以及税务等其他实际工作中所必需的评价方式，大多沿用德国的评价法，正如井上由扶在 1975 年他的《森林评价》一书前言所讲，森林评价的研究"主要集中在林业成果的计算上，对森林评价方法的研究，从林价算法以来，并无多大进展"。美国的森林评价是 20 世纪初才从德国引进的，不过由于美国林业经营学的发展，森林评价在林业经营学中用作经营计算技术或管理会计，并进一步还向市场预测、价格形成、森林的社会公益效用评价等方向发展。

20 世纪中期以后，森林的生态环境功能得到全社会的广泛关注，森林作为"陆地生态系统主体"逐步超越其"重要的可再生自然资源"成为森林资源概念中的首要地位，森林资源生态环境评价和价值核算得到迅速发展。森林生态环境评价(也称森林外部形评价)成为森林评价的主要研究内容。

1.3.1.2 森林生态环境评价的研究进展

森林生态环境评价最先产生于对森林游憩价值的评价。美国学者M. Clawson(1959)利用消费者剩余理论提出了根据旅行费用来评价森林游憩价值的旅行费用法(TCM)；Davis(1964)提出了条件价值法(CVM)，并运用于美国缅因州森林游憩价值的评价。

20 世纪中期以后，生态环境问题逐渐成为人们关注的焦点，以经济学家 Krutilla 在 1967 年 9 月在《美国经济评论》上发表了《自然保护的再认识》一文为标志，环境与资源经济学开始创立，并得到快速发展（马中，1999），以环境与资源经济学为理论基础的森林生态环境评价成为森林评价领域的研究热点。

20 世纪 70 年代，日本林业厅通过"森林公益效能计量调查"项目，采用替代法对全日本森林的社会生态效益做了全面评价，并提出了费用分担的新模式，在世界林学界引起了强烈反响。瑞典从 1992 年开始组成了"自然资源与环境经济"研究课题组，其主要研究内容包括：森林及环境资源评价、生物多样性保护等问题，目前研究的主要方法是随机评估法，这种方法已进行了大量具体资源问题案例研究，并取得了一些较有影响的成果（孔繁文，1995）。美国林务局 1998 年启动了一个研究综合监测森林可持续经营项目，研究和验证森林可持续经营的标准与指标，来评价森林的生态、社会和经济效益。

我国森林资源生态环境评价虽然起步较晚，但迅速成为学术界的研究热点，其中孔繁文（1994）对我国沿海防护林体系、辽宁东部水源涵养林及吉林东部自然保护区水源涵养林的生态环境效益进行了核算研究；侯元兆等（1998）对我国森林资源涵养水源、保育土壤和固碳供氧 3 方面的价值进行了估算；张建国等（1999）对福建省森林综合效益进行了评价，结果表明福建省森林的生态和社会效益为 119 亿元，与经济效益之比为 4∶1。这些研究推动了我国森林生态环境评价方面的研究，涌现了《森林环境资源核算与政策》（孔繁文、戴广翠，1994）、《中国森林资源核算研究》（侯元兆，1995）、《森林多效益经济评价》（张建国、周晓峰，1999）、《森林环境价值核算》（侯元兆，2002）、《绿色核算》（张颖，2001）、《绿色财富：森林社会效益评价与核算》（张颖，2007）等一系列研究森林生态环境效益的著作，这些对森林生态环境效益的研究成果和专著构建了我国森林生态环境评价的理论和方法体系。

在我国长期森林生态环境效益评价方面的理论研究和实践成果的基础上，2008 年 4 月，国家林业局批准发布了我国森林生态环境效益评价的林业行业标准——《森林生态系统服务功能评估规范》（LY/T1721—

2008），该标准将森林的生态服务功能划分为涵养水源、保育土壤、固碳制氧、积累营养物质、净化大气环境、森林防护、保护生物多样性、森林游憩 8 个方面，提出了由这 8 个指标类别和相对应的 14 个具体指标组成的评估指标体系，并对每个指标给出了适用的计算公式和参数设置，这些评价方法包括市场价值法、费用支出法、碳税法、替代费用法、影子工程法、条件价值法等。《森林生态系统服务功能评估规范》作为我国行业标准的正式发布，标志着森林生态环境评价理论和方法体系逐步被社会认可，森林生态环境评价成为森林评价的主要内容。

1.3.2　森林资源资产评估的研究与发展

1.3.2.1　森林资源资产评估的发展

我国的森林资源资产评估是在传统的森林评价学基础上，结合现代资产管理和评估科学而发展起来的一门科学。

20 世纪 80 年代以前，由于受到计划经济体制的束缚和对传统政治经济学理论的教条理解，自然资源无价论占据统治地位，森林资源被普遍认为是无价的。20 世纪 80 年代，国内林业经济学者（廖士义、王长富、张建国、陈太山、任恒祺等）以马克思劳动价值论为基础，研究了森林资源的价值理论，并分别提出了多个成本法林价计算公式，推动了我国的森林资源的价值理论和林价算法的研究，收到积极的效果，1986年出版的《中国林业经济论文选》比较系统地总结了我国林价制度的研究成果；林学家于政中教授 1984 翻译出版了井上由扶的《森林评价》一书，将森林评价（经济评价）引进国内。由于当时森林资源是不允许流转的，这些研究成果主要用于木材成本核算、国民经济核算和森林资源经营管理，构成了我国的森林经济评价体系。

20 世纪 90 年代，当森林生态环境效益评价逐渐成为森林评价学的主要研究内容时，伴随我国市场经济体制改革的不断深入，生产要素市场、资本市场的起步和发展，资产评估业得到了快速发展。1991 年 11月，国务院第 91 号令发布了《国有资产评估管理办法》，国家国有资产管理局也先后于 1992 年和 1995 年发布了《国有资产评估管理办法施行细则》和《资产评估操作规范意见(试行)》等资产评估业务方面的法律法规。随着我国市场经济的和林业经济体制改革的深入,森林资源作为生产要素的资产属性得到政府和社会认可,森林资源资产的交易开始活跃。1992年,福建永安森工集团对森林资源进行评估折价入股,成立林业股份有限公司,并成功在深圳证券交易所上市。以此为开端,国内学者对林价的研究重点转向服务森林资源流转和产权交易,森林资源资产评估的理论和方法研究取得了诸多成果,其中比较有代表性的有:《用材林资产评估初探》(陈平留、林杰等,1994)、《关于森林资源资产化和林地评估的意见》(于政中、刘建国、亢新刚,1995)、《试论林木资产评估》(张卫民,1995)、《人工用材林资产评估》(李永吉,1994)、《森林价格评估方法初探》(刘伟平,1995)等,森林资源资产评估的研究和我国森林资源管理改革实践推动了传统的森林经济评价向森林资源资产评估的发展。

　　1996年,国家国有资产管理局和林业部发布了《森林资源资产评估技术规范(试行)》(以下简称《技术规范》)。《技术规范》对森林资源资产评估的概念和评估对象进行了界定,对森林资源资产评估的原则、程序进行了规定,对评估前对实物量核查的内容和标准提出了要求。关于森林资源资产评估的技术方法,《技术规范》分别针对林木资产评估、林地资产评估、森林景观资产评估介绍了具体的评估方法,其中也沿用了传统的林价计算公式如林木和林地期望价法(国家国有资产管理局、林业部,1996)。《技术规范》系统总结了当时我国森林资源资产评估理论和实践成果,对森林资源资产评估业的发展起到了积极的推动作用,也标志着森林资源资产评估从传统森林评价学中分离出来,成为资产评估科学体系中一个相对独立的分支。1997年《森林资源资产评估技术规范的研究和制定》获林业部科技成果二等奖,笔者作为课题组主要成员,参与了以上课题研究和有关文件的起草工作。

1. 3. 2. 2　森林资源资产评估的研究动态

　　《技术规范》发布后,国家国有资产管理局、林业部又于1997年发布了《关于加强森林资源资产评估管理工作若干问题的通知》,对森林资源资产评估的管理工作进行了进一步的规范，规定森林资源资产占有单位在发生森林资源资产的出让或转让、以森林资源资产作价出资举办中外合资或者合作经营企业、以森林资源资产作价出资进行股份经营或联营等8种情形时应进行资产评估，同时对森林资源资产评估的管理部门、评估机构的从业资格条件、对评估机构的业务检查和指导等方面也都做出了具体的规定（国家国有资产管理局、林业部，1997）。2004年2月，财政部发布了《资产评估准则——基本准则》和《资产评估职业道德准则——基本准则》。根据资产评估基本准则，中国资产评估协会2007年11月发布了《资产评估准则——评估报告》、《资产评估准则——评估程序》、《资产评估准则——业务约定书》、《资产评估准则——工作底稿》、《资产评估准则——机器设备》、《资产评估准则——不动产》和《资产评估值类型指导意见》等7项资产评估准则。资产评估准则体系的建立标志着资产评估的管理体系日趋完善，目前，中国资产评估协会正在组织制定森林资源资产的评估准则。

根据《技术规范》及评估实践，罗江滨等（2002）编写出版了《森林资源资产评估》，介绍了森林资源资产相关的基础知识，森林资源资产核查，林木资产、林地资产、森林景观资产和整体森林资源资产的评估，森林资源资产评估管理及相关的法规，评估案例等，突出了知识性、实用性和操作性。陈平留、刘健（2002）编写出版的《森林资源资产评估运作技巧》则对评估的质量控制和风险防范，林木、林地、森林景观、整体资产评估中的运作技巧，结合评估案例进行了探讨。这些对森林资源资产评估的研究成果主要体现在依托《技术规范》的应用性研究方面。

魏远竹（2002）从森林资源资产化管理的视角研究了森林资源的价值理论和森林资源资产评估的管理；田明华等（2003）讨论了以马克思的劳动价值论解释森林资源价值的有关问题，为解决商品林森林资源市场化管理和运行提供理论依据；郑德祥（2006）从森林资源资产经营的视角研究了林地流转价格和林地使用费的计算方法以及它们对森林资源资产经营的影响。

黄和亮（2006）根据林地资源的分类利用和林地权利转让的内涵及

林地管理的不同，按林地资源分类价格体系、林地资源产权价格体系和林地资源管理价格体系三类价格体系构建林地资源价格体系。孔令娇（2008）对林地价值体系和价值类型进行分析探讨，同时结合林地资产评估的特点和方法，对林地资产评估评估方法的选择进行了讨论，并对林地评估政策方面进行探讨。李萍（2007）、杨志格（2008）在借鉴农业行业基准地价研究的基础上，结合林地资产评估的方法，探索了建立林地基准价格，编制基准价格表的思路和方法。江玲（2009）采用灰色关联分析等方法对人工用材林评估的市场比较法在应用过程中影响因素权重的确定、参照物的选择、修正系数的确定等问题进行了分析研究。

除了森林资源资产评估理论及方法研究外，林业工作者也开始关注林地征用这一特殊类型的资产业务，研究内容包括征占用林地的制度及管理问题（何美成、吴满员，2004；徐秀英、郑晓平，2005；左宗贵，2005），征占用林地征收森林资源恢复费的问题（张少根、余松柏，2005；许正亮、余泓，2007）以及征占用林地补偿标准的问题（张连金等，2007）。

总体来说，与森林资源生态环境评价研究相比较，森林资源资产评估研究相对较弱。虽然国家有关管理部门发布了《森林资源资产评估技术规范（试行）》和其他的评估管理规定，但都是集中在评估技术操作层面和评估管理层面的成果。有关森林资源资产评估的学术研究也主要集中在技术操作层面，缺乏系统的理论研究；对评估方法中涉及的技术经济参数也缺乏深入研究；对征占用林地这类特殊类型资产交易的补偿及价格问题研究刚刚起步，对于补偿的理论、补偿的内容和补偿的价格水平还没有系统的研究。

1.4　研究内容和方法

本研究以森林资源资产流转和产权交易中的价格问题为研究对象，从森林资源资产的经济学特性出发，对森林资源资产的价格基础、资产流转的价格类型及评估方法进行深入、细致地研究和探讨，力求在前人研究成果的基础上有所突破，构建一个相对完善的森林资源资产价格估算的理论和方法体系。

1.4.1 研究内容

本文研究包括以下几个方面内容：

(1)森林资源资产的概念分析。分析森林资源资产的概念及其内涵，并对森林资源资产评估、森林资源资产会计计价、森林资源效益评价等与森林资源资产流转价格估算相关业务的概念和内涵进行分析。

(2)森林资源资产价格基础的理论探讨。根据近代经济学从价值理论向价格理论的发展轨迹，及我国政治经济学研究的新成果，确定本研究的理论基础。运用马克思劳动价值论、生产价格理论和地租理论对森林资源资产的价格基础问题进行理论分析。

(3)森林资源资产价格类型及影响因素分析。从森林资源资产流转和产权交易价格表现的层面进一步探讨森林资源资产的价格特征和表现形态，根据森林资源资产正常流转与转为非林业用途在价格上的差异，构建新的森林资源资产价格分类体系，并分析森林资源资产价格的影响因素。

(4)森林资源资产评估方法研究。以《森林资源资产评估技术规范（试行)》为主要研究对象，根据资产评估的基本原理，分别从市价法、成本法和收益法对森林资源资产的评估方法进行系统研究，改进和完善评估方法，重点探讨关键技术经济参数的确定思路和测算方法。

(5)森林资源资产转用价格探讨。根据森林资源资产转用及其产生的法律环境，分析转用价格这一特殊资产价格类型与正常资产评估价格的不同点及提出转用价格的必要性。以林地征用价格为主要研究对象，探讨森林资源资产转用价格的构成和评估方法。

1.4.2 研究方法

本研究以规范研究为主，采用逻辑推理法对我国森林资源资产流转价格的理论和资产评估方法进行严密的逻辑分析和推理，来完善森林资源资产价格评估的理论和方法体系；采用理论与实践相结合的研究方法，来探讨森林资源资产评估方法的关键技术经济参数和林地征用等转用价格的评估方法。

论文研究的总体技术路线如图1-1。

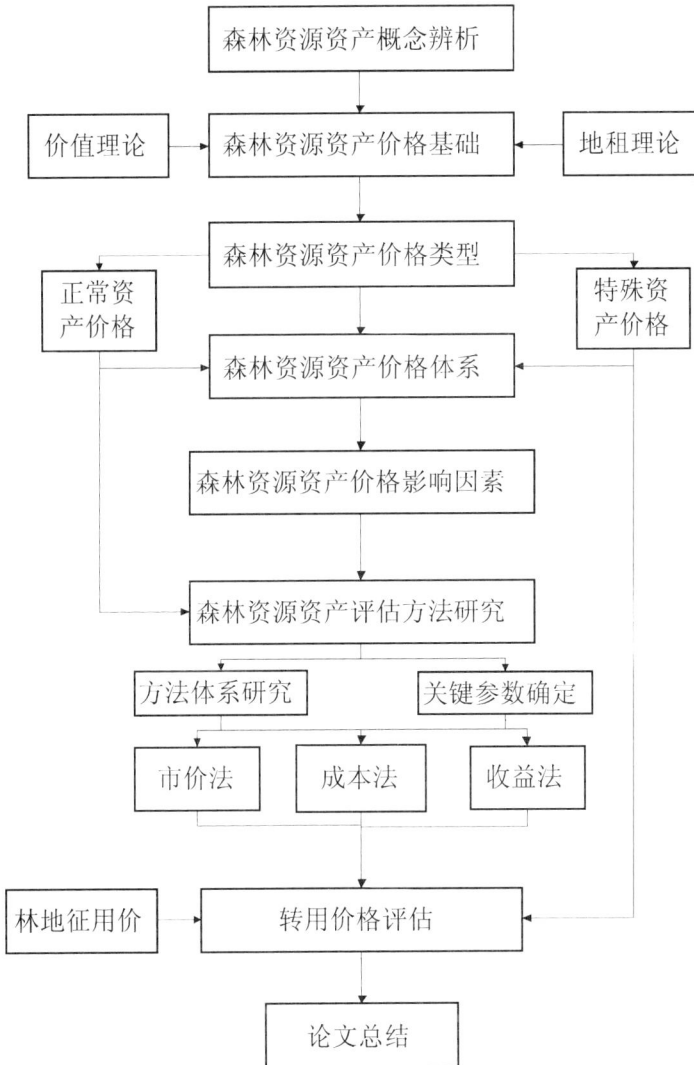

```
                    ┌──────────────────┐
                    │  森林资源资产概念辨析  │
                    └────────┬─────────┘
                             │
  ┌──────────┐      ┌────────▼─────────┐      ┌──────────┐
  │  价值理论  │─────▶│ 森林资源资产价格基础 │◀─────│  地租理论  │
  └──────────┘      └────────┬─────────┘      └──────────┘
                             │
                    ┌────────▼─────────┐
                    │  森林资源资产价格类型  │
  ┌────────┐        └────────┬─────────┘        ┌────────┐
  │ 正常资  │                 │                  │ 特殊资  │
  │ 产价格  │────┐   ┌────────▼─────────┐   ┌────│ 产价格  │
  └────────┘    └──▶│  森林资源资产价格体系 │◀──┘    └────────┘
                    └────────┬─────────┘
                             │
                 ┌───────────▼────────────┐
                 │  森林资源资产价格影响因素   │
                 └───────────┬────────────┘
                             │
                 ┌───────────▼────────────┐
           ┌─────│  森林资源资产评估方法研究   │
           │     └───────────┬────────────┘
           │                 │
    ┌──────▼─────┐    ┌──────▼──────┐
    │ 方法体系研究 │    │  关键参数确定 │
    └──────┬─────┘    └──────┬──────┘
       ┌───┴────┬─────────────┐
  ┌────▼──┐ ┌───▼───┐    ┌────▼───┐
  │ 市价法 │ │ 成本法 │    │ 收益法 │
  └───────┘ └───────┘    └────┬───┘
                              │
  ┌────────┐      ┌───────────▼────────────┐
  │ 林地征用价│─────▶│     转用价格评估         │◀───
  └────────┘      └───────────┬────────────┘
                             │
                    ┌────────▼─────────┐
                    │     论文总结       │
                    └──────────────────┘
```

图 1-1   论文研究技术路线图

Fig1-1   Technological path of research

第 2 章
森林资源资产价格评估相关概念辨析

本文以森林资源资产的价格评估问题作为研究对象，对森林资源资产的概念界定是研究的起点。本章以森林及其功能分析为切入点，在对森林资源的概念、内涵和特征进行分析的基础上，界定森林资源资产的概念，分析森林资源资产与森林资源的区别，并对森林资源资产评估及相关概念进行辨析。

2.1 森林资源的概念和内涵

2.1.1 森林及其功能

通俗地讲，以乔木为主体所组成的连片林木与其所在林地的集合称为森林。森林的定义各种各样，世界各国对于森林定义的立足点不同，一片森林也许是一个经营管理单位，一种土地利用类型，或者一种土地覆盖类型(Turner and Meyer, 1994)，大多数的定义是基于土地利用或土地覆盖来确定的(H. Gyde Lund, 2002)。一般较为普遍的定义是，森林指在一定面积上，以乔木为主体，并包括下木、草被其他生物在内的生物群落，它和所处的环境相互作用，相互影响，构成独特的自然综合体，成为地球上重要的自然生态系统。

关于森林界定的标准，由于各国森林数量的多少不同，森林及产品在国家社会经济中的地位和作用不同，因而对森林的界定也不一样。一般以"有林地"定义森林，美国等国家规定郁闭度(林地上林木树冠投影面积与林地面积的比值)达到 0.1 以上为森林；联合国粮农组织和许多国家，如德国、日本等规定郁闭度达到 0.2 以上为森林；北欧国家规定每公顷林木蓄积生长量达到 $1m^3$ 以上为森林（Helms. J. A.，1998）。

在我国，1994 年以前规定郁闭度 0.3 以上（不包括 0.3）为有林地，1994 年以后规定郁闭度达到 0.2（包括 0.2）以上为有林地。界定森林除了林木的郁闭程度外，还有面积上的要求。在我国，天然林面积达 $0.1hm^2$，人工林、经济林等达 1 亩（合 $0.067\ hm^2$）以上为森林（亢新刚，2001）。

森林是由树木为主体所组成的地表生物群落与所在空间的非生物环境有机结合构成的完整的生态系统，这种生物群落具有丰富的物种，复杂的结构，多种多样的功能。1997 年在土耳其召开的第十一届大会通过的《安塔利亚宣言》阐述了森林的属性：各种类型的森林不仅为世界人民提供重要的社会、经济及环境产品与服务，而且为保障食物供给、净化水和空气及保护土壤做出了重大贡献（Costanza R，1997）。

我国的《森林法》将森林分为以下五类：防护林：以防护为主要目的的森林、林木和灌木丛；用材林：以生产木材为主要目的的森林和林木，包括以生产竹材为主要目的的竹林；经济林：以生产果品，食用油料、饮料、调料，工业原料和药材等为主要目的的林木；薪炭林：以生产燃料为主要目的的林木；特种用途林：以国防、环境保护、科学实验等为主要目的的森林和林木。按照分类经营的思想，在充分发挥森林多方面功能的前提下，根据森林主导用途的不同，将防护林和特种用途林归为公益林，将用材林、经济林、薪炭林归为商品林（图 2-1），根据全国七次森林资源清查，我国有林地面积 18138.09 万 hm^2，公益林和商品林分别占 52.41% 和 47.59%（国家林业局，2009）。

森林作为陆地生态系统的主体，它不仅能为经济社会发展和人民生活提供木材和非木材产品等物质产品，具有经济利用价值，还具有生态功能及社会服务功能的特征。由于森林具有蓄水保土、防止水土流失、调节气候、净化空气、控制水分循环、防洪减灾、防风固沙、防治沙化及荒漠化、美化环境、改善生态环境、维持生态平衡、提供森林环境服务等功能，成为地球上的基因库、碳贮库、蓄水库和能源库，对维系整

```
                                          ┌ 11. 水源涵养林
                                          │ 12. 水土保持林
                                          │ 13. 防风固沙林
                          ┌（一）防护林 ┤ 14. 农田牧场防护林
                          │              │ 15. 护岸林
                          │              │ 16. 护路林
                          │              └ 17. 其他防护林
              生态公益林 ┤                ┌ 21. 国防林
                          │                │ 22. 实验林
                          │                │ 23. 母树林
                          │（二）特种用途林┤ 24. 环境保护林
                          └                │ 25. 风景林
                                           │ 26. 名胜古迹和革命纪念林
    森林类别 ┤                            └ 27. 自然保护区林
                          ┌                ┌ 31. 短轮伐期工业原料用材林
                          │（三）用材林 ┤ 32. 速生丰产用材林
                          │              └ 33. 一般用材林
              商品林 ┤（四）薪炭林 { 41. 薪炭林
                          │                ┌ 51. 果树林
                          │                │ 52. 食用原料林
                          └（五）经济林 ┤ 53. 林化工业原料林
                                           │ 54. 药用林
                                           └ 55. 其他经济林
```

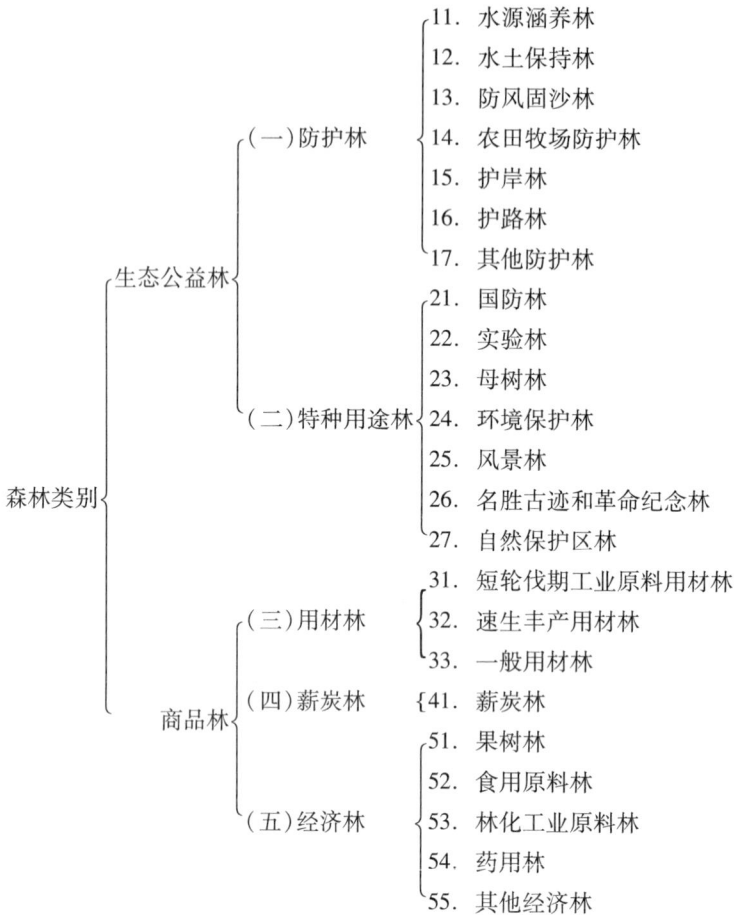

图 2-1　林种分类系统图

Fig. 2-1　The table of Forest types system

资料来源：《森林资源规划设计调查主要技术规定》第十一条，国家林业局，2003

个地球的生态平衡起着至关重要的作用，从这个意义上讲，森林就是人类赖以生存大地的卫士，大自然的保护神。

《中国森林资源清查报告》显示，中国林业科学研究院依据第七次全国森林资源清查和森林生态定位检测结果对森林生态服务功能评估结果为：全国森林植被总碳储量达 78.11 亿 t；森林生态系统年涵养水源量 4947.66 亿 m^3，年固土量 70.35 亿 t，年保肥量 3.64 亿 t，年吸收大气污染物量 0.32 亿 t，年滞尘量 50.01 亿 t；仅固碳释氧、涵养水源、保育土壤、净化大气环境、积累营养物质以及生物多样性保护等 6 项，全国森林生态服务功能年价值量就达到了 10.01 万亿元（国家林业局，2009），这个数值相当于 2008 年国内生产总值（GDP）的三分之一。

2.1.2 森林资源

2.1.2.1 资源的定义

资源的概念是作为生产实践的自然条件和物质基础提出来的，《辞海》解释为：资财的来源，一般指天然的财源（上海辞书出版社，1989 年版）。《现代汉语词典》则解释为：生产资料或生活资料的天然来源（商务印书馆，2002 年 5 月版，第 1662 页）。

在经济学科领域，资源已超出其原有的"天然来源"范畴。《经济大辞典》对资源的定义为：① 通常指自然界存在的天然物质财富。② 在现代管理科学中，它不仅包括物资、设备和资金，还包括人力资源（于光远主编，上海辞书出版社，1992 年 12 月版，第 2022 页）。

随着社会生产力的发展，对资源的定义出现通用化、泛化，指一切可被人类开发和利用的物质、能量和信息的都被认定为资源。

一般意义上所说的资源是指自然资源，《辞海》中解释自然资源"是指天然存在的自然物，不包括人类加工制造的原料，如土地资源、矿山资源、水利资源、生物资源、海洋资源等"（上海辞书出版社，1989 年版）。联合国环境规划署定义自然资源为：在一定条件下，能够产生经济价值，以提高人类当前和未来福利的自然环境因素的总和（钱阔、陈绍志，1996）。

2.1.2.2 森林资源的概念

根据森林的属性，森林资源可以理解为：能够提供森林产品和各种服务以及发挥森林生态、社会和经济效益的一种可再生的自然资源。

2000 年我国颁布的《中华人民共和国森林法实施条例》（以下简称《森林法实施条例》）第一章第二条规定：森林资源，包括森林、林木、林地以及依托森林、林木、林地生存的野生动物、植物和微生物。森林，包括乔木林和竹林。林木，包括树木和竹子。林地，包括郁闭度0.2以上的乔木林地以及竹林地、灌木林地、疏林地、采伐迹地、火烧迹地、未成林造林地、苗圃地和县级以上人民政府规划的宜林地。

可以看出，从法律意义上界定的森林资源是以森林为主体的自然资源，森林资源的含义比森林的定义要更为广泛。

近年来，林学界和林业经济界学者将森林生态系统作为研究对象，从森林生态系统的角度，对森林资源所下的定义成为主流趋势。对森林资源的定义，有以下表述：

森林资源是自然资源的一种，是林区内以木本植物为主体的包括林内动物、植物和微生物以及森林环境构成的一个系统总和；它具有再生性，对人类具有重大的作用及效益，是人类生存不可缺少的一个生态子系统和物质基础（吴延熊，1999）。

森林资源是以多年生乔木和其他木本植物为主体，包括林地及以森林环境为生存依托的动物、植物和微生物等在内的复合生物群落，它具有特定的生物结构和地段类型，并形成特有的生态环境，经过人类科学、合理地经营和管理，可以连续不断地向社会提供大量的物质产品（传统的有形产品）和以生态效益为主的非物质产品或服务，以促进社会经济的持续发展与生态环境的不断改善（孔繁文，1993）。

森林资源是以多年生乔木为主体，包括以森林资源环境为条件的林地及其他动物、植物、微生物等及其生态服务，它具有一定的生物结构和地段类型并形成特有的生态环境（邱俊齐，1999）。

一些学者将其定义简化，认为森林资源是指林地、林木、竹子以及林区范围内野生动植物资源的总称（金德凌，2000；杭春华，2004）。森林资源是指以林地为基础，乔木为主体并包括森林环境为生存条件的其他动物、植物和微生物等在内的生物群落。它具有一定的生物结构，并形成特有的生态景观和生态环境（赵国华，2004）。

综合以上观点，可以认为：森林资源是以多年生木本植物和林地为主体，并包括林内动物、植物、微生物以及森林环境所构成的系统总和，它具有一定的生物结构和地段类型并形成特殊的生态环境，在进行科学管理和合理经营的条件下，可以不断地向社会提供物质产品、非物质产品和环境服务，以促进林业乃至社会经济的持续发展与环境改善。

2.1.3　森林资源的内涵和特征

森林资源实际上是一个复合的系统，该系统是由林木、林地、林内动植物和微生物以及森林生态环境共同构成的一个完整的整体，属于自然资源的范畴。与其他类型的自然资源相比，森林资源的特征在于：

(1)可再生性。森林资源的主体部分即林木在一定的条件和限度内可以再生和重复利用，是一种可再生资源，应该遵循永续利用的原则，加以充分利用。森林资源的再生性是由森林的再生性决定的，森林资源的再生规律也就取决于森林的再生规律。对森林资源的再生性，有些人狭义地理解为：当森林资源被消耗之后，可以人为地再培育出来。这种认识是不全面的，森林资源在人工经营培育的条件下可以再生，在没有人为干预下也可以再生。认识森林资源的再生性及其再生规律，是林业管理的重要内容之一，是开发利用森林资源过程中不可忽视的内容。

(2)系统性。森林资源的物质内涵是由林木、林地、林内野生动植物和微生物等要素所构成的一个集合体，这些构成要素之间相互联系、相互制约，共同构成一个有机的系统整体。系统内的任何一部分发生变化时，都会影响到其他构成要素。如当人们采伐林木资源时，由于改变了林木和植被的状况，也改变了林内野生动物和微生物的生存环境，同时林地地表植被变化引起地表径流的变化，对局域环境也会产生一定的影响。森林资源构成的整体性要求人们在开发利用森林资源的时候，一定要将森林资源作为一个整体来看待，力求全面地加以开发利用，以争取获得最大的综合效益。

(3)复杂性。森林资源包括了森林生态系统中一切对人类有价值的资源，包括实物形态的和非实物形态的，其中实物形态的又包括林地、生产木材的林木和各种植物的根、茎、皮、枝、叶、花、果实，以及由上述物质派生的各种产品以及动物的毛皮、骨、角和各种动物及植物性食品、药材、生物纤维，森林中的珍禽异兽、奇花异草以及其他各种资源等。由于森林资源的种类繁多，林业部门一直未能对除森林面积、蓄积量以及少数产品以外的其他森林资源进行全面的调查、统计和经营管理。

虽然森林资源所涉及范围十分广泛，但林木、林地等具有实物形态的资源仍然是森林资源的主体和基础，非物质产品形态的森林环境是以林木、林地等实物形态的森林资源为基础的，是一种派生资源，没有物质产品形态的森林资源，就不会有非物质产品形态的森林资源的存在。林木是森林生物群落中所有乔木的总称，它决定着森林的总体外观和内部特征，是森林经营管理的主要对象，是提供森林生态环境服务的主体。林地是林木资源及野生动植物资源的载体，是土地资源的重要组成部分，也是森林资源不可分割的一部分。正是由于林木和林地资源在森林资源中居于重要地位，所以一般情况下所讲述的森林资源，如无特别说明，大多是针对林木和林地资源而言，有时甚至仅仅指森林资源中的主体和特色部分即林木资源。

（4）外部性。森林除了可以直接向人们提供各种具有实物形态的物质产品之外，更多的是提供涵养水源、防止水土流失、净化大气环境、生物多样性保护等非实物形态的生态和环境服务，而这些森林的生态环境服务资源具有公共物品的性质，无法通过市场交易为森林的所有者带来直接经济利益。在环境经济学中，把一种消费或生产活动对其他消费或生产活动产生不反映在市场价格中的直接效应称为外部性（马中，1999）。森林资源的生态和环境服务，在消费上表现出非竞争性、非排他性，具有明显的外部性，导致市场调节机制失灵，需要政府通过政策调节这类资源的消费和生产。在我国，森林资源中只有划归商品林的林木和林地可以在市场中流转和交易，划为公益林的森林资源还不能进入市场交易体系，因此公益林森林资源也具有很强的外部性特征。

2.1.4　森林资源的分类

对森林资源的分类，从不同的角度，有不同的划分体系。

(1)国内森林经理学界(亢新刚,2001)一般从森林资源的功能和利用角度,将森林资源划分为直接资源和间接资源两部分。

直接资源,指以物质实体形态直接发挥功能的资源,包括:林地资源,指现实和规定将要用于种植林木的土地;林木资源,成片或单株的树木,包括利用木材的树木和利用果、叶、茎、根等非木材的树木;林中其他植物资源,除树木以外的其他植物;林中野生动物资源,包括所有的兽、鸟、昆虫、鱼类等的动物,林中其他非生物资源,如水体、岩石、矿物等。

间接资源,这部分资源主要是由于森林的存在而产生的环境、气候、观赏、旅游、森林文化等资源。

(2)有的学者(魏远竹,2002)按照森林资源是否具有实物形态,将森林资源分为物质产品形态的森林资源和非物质产品形态的森林资源。

物质产品形态的森林资源具有一定的实物形态,其中的大部分在目前的社会经济条件下都可以用实物量和价值量单位加以计量,具体包括生物资源和林地资源两部分,而生物资源中又包括林木、林内草本植物、林内动物、林内微生物及其他资源等;林地资源中又包括了有林地、疏林地、灌木林地、未成林林地和无林地。

非物质产品形态的森林资源主要包括:森林景观提供的旅游观光服务;各种防护林、水源涵养林等提供的生态环境服务;森林生态基因库提供的生物多样性价值,以及其他各种非物质产品服务。

(3)国家林业局2003年4月发布的《森林资源规划设计调查主要技术规定》根据分类经营的原则,按照森林的主导功能的不同,将森林资源分为生态公益林资源和商品林资源两个类别:

"生态公益林(地):以保护和改善人类生存环境、维持生态平衡、保存种质资源、科学实验、森林旅游、国土保安等需要为主要经营目的的森林、林木、林地,包括防护林和特种用途林。"

"商品林(地):以生产木材、竹材、薪材、干鲜果品和其他工业原料等为主要经营目的的森林、林木、林地,包括用材林、薪炭林和经济林。"

（4）本文主要研究森林资源资产价格，参照以上分类体系，依据环境资源经济学关于私人物品和公共物品的分类方法，按照森林资源的经济属性及财产收益权是否明确，将森林资源划分为商品性森林资源和公益性森林资源。

商品性森林资源是指财产权可以确定，能被个人或特定法人组织所占有和享用，并能通过市场交易行为实现其利益的森林资源，包括划归商品林的森林、林木、林地以及部分可以进行市场开发的公益林资源，如部分景观林资源。

公益性森林资源是指无法被个人或特定的法人组织所拥占有，具备消费利用无排他性特征的森林资源，即具有公共物品属性的森林资源。划归公益林且不能进行市场开发的森林、林木、林地，以及森林资源中的生态及环境服务资源、森林物质产品形态的林内野生动植物等，都属于公益性森林资源。

商品性森林资源的价值可以通过市场机制得以实现，公益性森林资源具有外部经济性，它的价值实现形式只能通过政策调整使它的外部性内在化。

2.2　森林资源资产

2.2.1　资产的概念与特征

资产在《现代汉语大词典》解释资产为：①财产；②指企业资金；③会计名词，资产负债表所列的一方，表示资金的运用情况（汉语大词典出版社，2006 年 12 月出版，第 2262 页）。可见资产一词是和企业经营管理，尤其是和财务会计密切相关的。而《经济大辞典》则直接从会计的角度定义了资产的概念：会计个体由于过去的交易、事项而已经取得或实际支配的未来经济利益。从资金的角度来看，资产是企业、机关或事业单位经营资金或预算资金的占用形态，表现为它们所持有的各种财产、债权和其他权利，可分为固定资产和流动资产两大类（上海辞书出版社，1992 年 12 月版，第 2021 页）。

我国《企业会计准则》对资产定义为：资产是由企业过去的交易或者事项形成的、由企业拥有或者控制的、预期会给企业带来经济利益的资源。包括各种财产、债权和其他权利（财政部，2006）。

在资产评估学中，对资产定义的表述略有不同：资产是国家、企业、事业或其他单位以及个人所拥有或控制的能以货币来计量的经济资源，包括各种财产、债权和其他权利。《国际评估准则》认为：从技术上说，被评估的对象是资产的所有权或所有者的权利，而不是有形资产或无形资产本身。

从上面资产概念的表述中，可看出资产具有三个重要特征：

第一，资产蕴含着可能的未来利益。即资产是一种经济资源，是有助于产生未来经济利益流入或减少未来经济利益流出的经济资源。这是资产的经济属性。

第二，为企业或某一特定个体所控制。也就是说，资产所产生的经济利益能可靠地流入本企业，为本企业提供经济利益，而不论企业是否对它拥有所有权。这是资产的法律属性。

第三，资产可以用货币来计量。

由这些特征可以看出，资产的可获益性、可控制性、可计量性是资产的基本特征。

由资产的概念的论述和特征分析可以看出，资源与资产两者之间，既有密切联系，又有很大不同。

（1）作为资产，首先必须是一种经济资源，但资源并不都是资产，只有满足了资产特征即的可获益性、可控制性、可计量性的资源，才能成为资产，资源中那些没有经济利用价值的因素或者在当今知识与技术条件下尚不能确定其有经济利用价值的因素不能成为资产。

（2）资源的取得或者是天然形成的，或者是人的劳动与自然环境共同作用形成的。而资产的形成可以有三种渠道：一是由人们认定渠道，将一些资源作为资产；二是由人们通过自身劳动创造的；三是由买卖、租赁等产权交易实现的。

（3）资产有明确的产权主体，为个体或法人单位所拥有或控制；资源主要为国家或社会组织所拥有或控制。

（4）资产应能够以货币计量，而资源主要以实物单位计量。

资产的形成与人们认知程度和经济活动有关，资源在人们获得能够取得未来经济利益的现实能力，并获得对其控制权，能够享有其未来收益后就转化成资产。一般我们把能够成为资产的自然资源叫做资源性资产。

2.2.2　森林资源资产

2.2.2.1　森林资源资产的概念

森林资源是自然资源的重要组成部分，是陆地生态系统的主体，是国民经济和社会发展的重要物质财富。从理论上讲，当森林资源为某一利益主体所拥有，并能为其带来经济效益，且森林资源的价值可以用货币计量时，就具有了资产属性，我们称其为森林资源资产。

我国林业理论界分别从不同的角度给森林资源资产下定义，比较典型的主要有以下几种：①森林资源资产是指人们在现有的认识和现实的科技水平下，其开发利用能带来一定经济价值的森林资源（钱阔，1993）；②森林资源资产可视为森林资产，资产等同于财富，是一种有价值的物质产品（彭道黎，1996）；③具有森林生态系统的物质结构，以森林资源为物质财富内涵的财产即为森林资产（陈平留，1996）；④森林资源资产是用货币表现的森林物质财产、环境财产和其他无形资产的综合体（林业部财务司，1995）。

笔者参编《森林资源资产评估》（罗江滨等主编，中国林业出版社，2002 年版）一书时，对森林资源资产的概念定义为：森林资源资产是在现有认识和科学水平条件下，进行经营利用，能给其产权主体带来一定经济利益的森林资源。

魏远竹（2003）基本沿用了上述概念，将森林资源资产定义为：是指在现有的科技水平和社会经济条件下，林业企事业单位所拥有或控制的，能够以货币加以计量，并能为其经营者带来未来经济收益的森林资源。同时他从资产的特征出发从 5 个方面对森林资源资产的内涵进行了界定：

(1)森林资源资产首先必须是一种森林资源，这是界定森林资源资产的最基本条件。

(2)森林资源资产必须能够被会计主体(主要指林业企事业单位)所拥有或控制。这里的"拥有"一般是指掌握其最终所有权，而"控制"一般是指享有资产的实际经营权或使用权。

(3)森林资源资产必须能够用货币加以计量，或者虽然还无法确切地加以计量，但可以合理地予以估计的森林资源。

(4)森林资源资产必须能为其经营主体带来未来的经济效益，那些不能为其经营者带来经济效益的就不能作为资产。

(5)森林资源资产是一个动态的概念，其内涵和外延的大小是以一定的科技水平和社会经济条件为前提的，随着科技的发展和社会经济条件的变化，其涉及的外延也处于不断地发展变化之中(魏远竹，2003)。

2.2.2.2　森林资源资产与森林资源的区别

根据森林资源资产的概念和内涵界定，本文认为，在目前条件下，只有商品性森林资源，即财产权可以确定，能被个人或特定法人组织所有和享用，并能通过市场交易行为实现其利益的森林资源可以划归为森林资源资产，包括划归商品林的森林、林木、林地以及国家允许进行市场开发的部分公益林(如景观林等)。公益性森林资源中，生态及环境服务资源、林内野生动植物资源等，在现有阶段下存在价值难以准确计量、产权主体不明确及收益的公共化等问题，不能划归森林资源资产的范畴；界定为公益林的林木、林地虽然具备森林资产的实物形态和经济潜力，但由于国家限制开发和流转，不能为其经营者带来经济效益，因此在现有管理体制下也不能划归森林资源资产的范畴。当然，随着经济的发展、科技的进步和经营管理水平的提高，以及人们对森林资源经营利用方式的变化，森林资源资产的内容会不断地扩大，一些目前不能划归资产的森林资源将被纳入森林资源资产的范畴。

2.2.2.3　森林资源资产的分类

根据资产概念和特征，林业部和国家国有资产管理局发布的《森林资源资产评估技术规范(试行)》把森林资源资产划分为森林、林木、林地和森林景观资产(林业部、国家国有资产管理局,1996)。陈平留(2002)、魏远竹(2003)等国内学者在研究森林资源资产管理及评估时也都采用了以上分类。

本文基于以上对森林资源以及森林资源资产概念和内涵的分析,根据森林资源资产价格特性,将森林资源资产划分为林木资产、林地资产以及林木与林地合一的森林资产,认为森林景观资产是森林资产的一种特殊表现形态。

2.2.3　森林资源资产的特性

从资产价格的角度考察,森林资源资产的特性表现为以下几个方面:

(1)资产形态的多样性。森林资源资产包括林地资产、林木资产以及森林资产。从资产经营的角度,林地资产和林木资产是相互依赖的,林地是林木生长的条件,林木是的林地价值实现的载体,因此作为资产经营对象的森林资源资产一般指林木与林地合一的森林资产。但这并不是说只有林木与林地合为一体时,才称为森林资源资产,单独的林木资产和林地资产都是资产流转、交易等业务的对象,也是森林资源资产的存在形态。

(2)资产用途的相对稳定性。森林资源资产的用途受国家法律限制,一般情况下不允许转变用途和经营方向,资产用途有一定的稳定性。但这种稳定性是相对的,当经济社会发展需要时,在经过一定的审批程序后,森林资源资产也可以转变用途,如林地转变为建设用地等。当资产转变用途后,资产的性质发生了变化,其价格也随之发生相应的变化。

(3)林木资产的可再生性。林木资产具有可再生性,如果经营科学,可实现森林持续经营和永续利用。因此,森林资源资产经营要考虑森林再生产的投入,处理好培育、利用和保护的关系。此外,未来经营期的长短,对经营方向的限制,都会影响资产的价格。

（4）森林经营的长周期性。森林的经营周期少则数年，多则数十年，上百年。经营长周期对资产价格方面影响表现为：供求关系对价格的影响方面表现为供给弹性小，且效应滞后，市场需求在短期内对价格起主导作用；经营长周期性增加了经营风险，对未来收益的不确定性使得资产价格要低于具有明确收益预期的资产价格。

（5）森林资源资产的复杂性。森林资源物种多样，资产实物量庞大，资产价格计量难度大，准确性较低。森林资源一般分布于广大山区，地域差别大，森林资源资产的自然条件和所处区域的社会经济条件，如气候条件、林地自然质量条件、交通条件等，都会对森林资源资产价格有较大的影响。

2.3 森林资源资产价格评估的相关概念

森林资源资产价格是指森林资源资产在资产流转和产权交易时表现的货币数量，价格评估就是对即将发生资产流转和产权交易的森林资源资产价格进行评定估算。资产管理中把对资产价格的评估归为资产评估的范畴。

2.3.1 森林资源资产资产评估

2.3.1.1 资产评估

广义的资产评估是指对资产某一时点的价格进行的评定估算。从20世纪80年代末开始，我国在学习和借鉴国外资产评估理论和方法基础上开展资产评估，并相继颁布了资产评估业务及管理方面的系列法律法规和多项资产评估准则，使资产评估发展成为一个相对独立的行业，资产评估一词具有特定的概念。

按照《资产评估准则——基本准则》，资产评估是指注册资产评估师依据相关法律、法规和资产评估准则，对评估对象在评估基准日特定目的下的价值进行分析、估算并发表专业意见的行为和过程（财政部，2004）。

学术界则从资产评估要素的角度给出了资产评估的定义：资产评估是指专业的评估机构和人员，按照国家法律、法规和资产评估准则，根据特定目的，遵循评估原则，依据相关程序，选择适当的价值类型，运用科学方法，对资产的现时价值进行分析、估算并发表专业意见的行为和过程（朱萍，2008）。

资产评估概念中所称的价值一词是指对市场交易价格的估算值，政治经济学上称为交换价值，属于价格的范畴。评估价指的是资产某一时点价值，即评估基准日的价值。资产评估目的是指资产即将发生的经济行为，资产评估的主要目的是服务资产交易，包括单项资产交易和企业产权变动；此外抵押贷款、发行债券以及财产保险等非交易性资产业务也是资产评估的目的。资产评估的价值类型是指资产评估结果的价值属性及其表现形式，包括市场价值和市场价值以外的价值类型，其中市场价值以外的价值类型包括投资价值、在用价值、清算价值、残余价值等。

资产评估的基本方法包括成本法、市价法和收益法三类。成本法是基于资产的一般商品属性，即资产的价值取决于构建时的生产耗费，通过资产的构建成本来对资产进行估价的评估方法。市价法是基于市场的替代原则，以使用价值为基础，通过市场上同类资产或有相同效用的资产价格来对资产进行估价的方法。收益法是基于资产的可获益性特征，即资产的资本属性，通过资产预期收益的折现或资本化对资产进行估价的方法。

资产评估目的是判断确定资产评估价值的基础，评估目的决定价值类型（过去也称之为评估标准、估价标准），价值类型对评估方法选择具有约束作用，同样的资产，因为评估目的的不同，其评估价值也不一样。

2.3.1.2　森林资源资产评估

森林资源资产评估就是以森林资源资产作为评估对象的资产评估。《森林资源资产评估技术规范（试行）》在第四条将森林资源资产评估的概念定义为：森林资源资产评估是根据特定的目的、遵循社会客观经济规律和公允的原则，按照国家法定的标准和程序，运用科学可行的方法，以统一的货币单位，对具有资产属性的森林资源实体以及预期收益进行的评定估算。它是评估者根据被评估森林资源资产的实际情况、所掌握的市场动态资料和对现在和未来进行多因素分析的基础上，对森林资源资产所具有的市场价值进行评定估算（林业部、国家国有资产管理局，1996）。

森林资源资产评估是资产评估的重要组成部分，它的内涵和一般原理与资产评估的基本原理是一致的，但作为资产评估的对象，森林资源资产与一般资产相比具有许多特殊性质，这使得森林资源资产评估成为资产评估领域一个较为独特的分支。

1995 年，国家体改委和林业部联合下发《林业经济体制改革总体纲要》后，随着商品林森林资源被允许转让和交易，森林资源资产评估业务开始起步。2003 年中共中央、国务院发布《关于加快林业发展的决定》后，我国集体林区林权制度改革不断深入，随着林业要素市场的发育和发展，森林资源资产的出售、出租、拍卖和贷款抵押、联营投资等资产业务迅速增加，森林资源资产评估业务得到快速发展。调查资料显示，福建省某森林资源资产评估机构 2003 ～ 2008 年共承接评估项目 296项，评估森林资源资产面积 43.6 万 hm^2，蓄积量 3803.89 万 m^3，评估资产总值 56.2 亿元（表 2-1）。

表 2-1 福建省某评估机构 2003～2008 年评估森林资源资产项目情况

**Tab. 3-1 Forest asset valuation item of one evaluation
office of Fujian from 2003～2008**

年份	项目数	面积（hm^2）	蓄积（m^3）	评估值（万元）
2003 年	40	85031.84	6544061.1	62980.59
2004 年	48	140395	12317185	140096.4
2005 年	48	109124.2	9890856	114001.87
2006 年	36	26378.6	2941025	51192.8
2007 年	62	16321.82	1490806	35679.41
2008 年	62	58716.72	4854983.3	158135.16
总 计	296	435968.18	38038916.4	562086.19

资料来源：根据调查资料整理。

2.3.2 森林资源资产评估与相关概念区别

2.3.2.1 森林资源资产评估与会计计价的区别

资产评估与会计核算均涉及资产计价，因此，森林资源资产评估与会计计价有着一定的联系，但二者分属不同的经济行为，其区别表现在以下方面：

(1)二者发生的前提条件不同。森林资源资产会计核算是以企业会计主体不变和持续经营为假设前提，会计计价遵循的原则是历史成本原则，只有在没有历史核算资料的情况下，辅以公允价值来进行确认与计量。而森林资源资产评估则主要是在发生产权变动、会计主体变动的前提条件下，以公允市场价值为主要价值类型估算资产的现时价值。在企业持续经营的条件下，不能随意以资产评估价值替代资产历史成本计价。

(2)二者的目的不同。森林资源资产的会计计价是就资产论资产，计价的目的是为投资者、债权人和经营管理者提供有效的会计信息。资产评估则是就资产论权益，评估目的是为森林资源资产的交易和投资提供公平的价值尺度，并以此作为转让资产取得收入或确定在新的组织、实体中的权益的依据。

(3)执行操作者不同。会计计价是由企业内部的财会人员来完成的，当企业发生森林资源资产业务时需要会计计价。资产评估则是由独立于企业以外的具有资产评估资格的社会中介机构完成的，通过资产评估为会计计价提供依据。从事森林资源资产评估的机构除会计师和评估师之外，还需要具有林业和森林调查的专业技术人员，如果对森林资源资产缺乏了解，是不可能客观评估其资产价值的。

2.3.2.2 森林资源资产评估与森林资源评价

森林资源资产评估与森林资源评价都是价值评估的经济行为，早期的森林评价包含了资产评估的功能。但随着森林生态效益逐步代替经济效益成为森林的主要功能，以生态效益和环境服务功能为主的森林生态环境评价(有时也称评估)成为森林评价学的研究重点。而服务于森林买卖、征用时补偿等经济行为的森林经济评价则随着森林资源资产化管理实践和研究的深入，与资产评估结合发展成为相对独立的森林资源资产评估科学。二者的区别主要体现在以下几个方面：

（1）二者的目的不同。森林资源资产评估主要目的是提供交易对象科学、公正、合理的价格，作为市场交易或资产运作双方讨价还价的依据(罗江滨、陈平留，2002)。而森林资源评价的主要目的是用货币为计量单位完整地计算出森林资源的经济、生态和环境效益，完善国民经济核算体系，为政府的森林补偿政策、林业投入政策等宏观决策提供依据(侯元兆，2002)。

（2）二者的对象不同。森林资源资产评估的对象是可作为资产的森林资源，评估的价值标准是公允市场价值。森林评价的对象是整个森林资源，评价(或评估)的标准是使用价值，即财富的数量。

（3）二者的依据不同。森林资源资产评估要依据是国家有关法律法规和评估准则，评估原则、评估程序、评估假设以及评估方法都有明确的限制。森林资源评价是以方法合理，结果能得到民众和政府认可为依据。近期国家林业局发布了森林资源评价的行业标准——《森林生态系统服务功能评估规范》，森林资源评价开始以行业标准为依据。

（4）二者从业人员的资质及和承担责任不同。森林资源资产评估从业人员资质由国家林业局与中国资产评估协会共同评审认定，经认定的森林资源资产评估专家进入专家库，并向社会公布。注册资产评估师与森林资源资产评估专家应对森林资源资产评估报告承担相应的责任(财政部、国家林业局，2006)。而森林资源评价并没有成为一个行业，任何具有一定专业水平的机构和具有一定的学术地位的专家都可以承担森林资源评价任务，评价者不必对评价的结果承担法律和经济责任。

2.3.2.3 本文研究与森林资源资产评估的关系

本文主要研究森林资源资产流转和产权交易的价格评估问题，属于森林资源资产评估的研究范畴，但又不完全等同于资产评估研究。作为理论研究，本文把森林资源资产流转价格作为研究对象，对其价格基础、价格构成、价格类型、评估方法进行分析研究，同时又对森林资源资产转用这一特殊类型的资产交易价格进行研究探讨。其中许多部分又超出了资产评估的框架范围，应该属于广义的资产评估研究。本文的研究成果有助于进一步完善我国森林资源资产评估理论和方法体系。

第 3 章
森林资源资产价值与价格的理论分析

森林资源资产价值与价格的理论探讨是研究其价格的基础。本章在分析近代经济学价值和价格理论发展轨迹的基础上，确定研究森林资源资产价值与价格的理论基础，并总结国内的相关研究成果，对森林资源资产的价值和价格进行理论分析，为以后进行森林资源资产价格问题研究构建理论基础。

3.1 经济学关于价格基础的理论

价格是商品交换的比例关系，资产是一种特殊的商品，经济学关于商品价格基础的理论主要有价值理论和地租理论。

3.1.1 价值理论及其流派

3.1.1.1 英国古典政治经济学的劳动价值论

主要代表人物是威廉·配第、亚当·斯密、大卫·李嘉图。

古典政治经济学的奠基人威廉·配第在其 1613 年出版的《赋税论》中，提出了政治价格和自然价格的区分，他说的自然价格也就是价值，政治价格则是市场价格。配第认为，商品的自然价格即价值是由劳动创造的，商品的交换是以劳动量为依据，商品价值量的大小与生产该商品的劳动生产率成反比。

亚当·斯密在配第研究的基础上，进一步发展了劳动价值理论。在他的《国民财富的性质和原因的研究》中，明确区分了商品的使用价值和交换价值，并提出了"劳动是衡量一切商品交换价值的真实尺度"，商品的交换不过是体现在这些商品中的劳动量的交换。斯密还考察了自然价格和市场价格的关系，初步提出了市场价格围绕自然价格上下波动，而产生波动的主要原因在于竞争引起的供求关系的变化。这说明斯密已经认识到价值规律对商品生产的调节作用。

大卫·李嘉图在斯密劳动价值论的基础上进一步发展了劳动价值学说，在其名著《政治经济学及赋税原理》一书中，区分了使用价值与交换价值，把使用价值看成是交换价值的物质承担者。李嘉图对劳动时间决定价值问题作了更加系统的论述：决定商品价值大小的劳动不是耗费的个别劳动，而是社会必要劳动；商品价值的大小与耗费的劳动成正比，与劳动生产率成反比；在农业生产领域，由于存在着土地经营权的限制，农产品的价值由生产条件最差的劣等地上耗费的劳动决定的（但他没有认识到工业领域的不同之处）。

古典政治经济学的劳动价值理论是在资本主义开始占据社会经济主导地位的情况下，抛开价格的表面现象，探讨了价格形成的真正基础，揭示出劳动时间决定价值量这一劳动价值论的重要结论。但由于历史和阶级的局限，其理论掺杂着诸多的矛盾和谬误，面对反对者的攻击难以自圆其说，最终导致该学派的衰败。

3.1.1.2　马克思的劳动价值论

马克思在继承古典劳动价值论科学成分的基础上，从其中的矛盾入手进行批判研究，创立了马克思政治经济学劳动价值论。马克思劳动价值论主要观点包括：

（1）商品具有两个因素：一个是使用价值，即物的有用性；另一个是价值。使用价值是价值的物质承担着。价值实体是凝结在使用价值或财物中的抽象的或一般的人类劳动。

（2）商品的价值量是由生产商品的社会必要劳动时间来计量的（价值规律），生产商品的劳动时间不变，商品的价值量就不变，但生产商品的劳动时间随劳动力的变动而变动。对于农业生产部门来说，由于土地数量优先即存在着经营垄断，农产品的价值可以由最不利的生产条件所决定；一般情况下，工业产品的价值量应该由中等条件下的社会必要劳动量来决定。

（3）在商品生产中，价值规律是起调解作用的基本规律，商品交换以商品的价值为基础进行，商品交换的价格决定于价值，又受供求、竞争的影响，价格围绕价值不断起伏波动，从长期趋势看，价格与价值是基本相一致的。

（4）在资本主义生产过程中，劳动者的具体劳动转移生产资料的价值，抽象劳动创造相当于劳动力自身的价值和一定量超过自身价值的剩余价值 c，商品的价值 w 包括转移过来的生产资料的价值 c、生产过程必要劳动创造的新价值 v 和剩余劳动创造的剩余价值。

（5）在经济运行层面，马克思把生产资料转移的价值和必要劳动创造的新价值看做资本耗费，因而把 $c+v$ 称为成本价格；剩余价值看做资本的增加额——利润；由于竞争和资本的转移，利润出现平均化趋势，转化为平均利润，价值也就转化为生产价格。

生产价格是价值的转化形式，是价值规律在较高的资本主义发展阶段上发挥调解作用的特定形式；生产价格理论是劳动价值理论由抽象层面向具体层面的过渡，是劳动价值理论在资本主义生产方式一定发展阶段的具体运用（董建才，2006；邰丽华，2007）。

3.1.1.3 生产要素价值论

生产要素价值论（又称生产成本价值论）是李嘉图学派解体之后风行于 19 世纪中后期的主流价值学说。19 世纪初，法国的让·巴蒂斯特·萨伊根据斯密经济学说，从客观效用价值论出发，提出了生产要素价值论。萨伊从资本生产力理论出发，认为劳动、资本和土地三个生产要素共同协作生产出具有效用即使用价值的物品，三要素的报酬工资、利息、地租形成了商品的生产费用。他认为，商品的价值来自它的有用性，商品的价值是由其生产费用决定的。

萨伊之后，约翰·斯图亚特·穆勒在其著名的《政治经济学原理》中对生产要素价值论又做了系统研究。穆勒认为，商品可分为三类：一是数量有限，供给不能任意增加的商品；二是供给量可以无限增加，但单位生产费用不会提高的工业制品；三是供给数量可以增加，但单位生产费用会相应提高的农产品。他认为第一类商品的价值由供求决定，第三类商品的价值由生产必需的供给量的最高生产费用决定，而最为大量的第二类商品价值由生产成本决定。随着穆勒《政治经济学原理》在19世纪中后期的广泛传播，生产要素价值论取代劳动价值论成为西方当时的主流价值学说(董建才，2006)。

3.1.1.4　边际效用价值论

边际效用价值论是19世纪70年代伴随边际革命出现于欧洲的一种主观效用价值理论。边际效用价值论按照所分布的国家和理论风格的不同，可以分为以下主要学派：

奥地利学派，其代表人物是门格尔、维塞尔、庞巴维克，该学派把价值归结为主观价值，认为效用即产品所具有的能满足人的欲望的能力是价值的来源，决定物品价值的不是它的最大效用，也不是它的平均效用，而是它的最小效用，即边际效用，它是产品的价值尺度。

英国的杰文斯认为，效用就是消费者消费某种商品所产生的快乐，以此为基础，他认为，随着拥有的某种商品数量的增加，单位商品的效用和效用程度是递减的，在现有条件下最后增加的商品单位所提供的效用程度称为"最后效用程度"。商品的价值由其"最后效用程度"所决定的。杰文斯认为价值不过是交换过程中的商品交换比例，所以，杰文斯的价值关系已经变成了纯粹的数量关系。

以里昂·瓦尔拉和帕雷托为代表的瑞士洛桑学派，同样是以效用递减和商品供应量有限为分析出发点。瓦尔拉提出了"稀少"的术语来表示一个单位商品消费所满足的最后欲望的强度，认为"交换价值与稀少性成正比"，"稀少性是交换价值的起因"(瓦尔拉：《纯粹经济学要义》)，也就是说，商品的价值(交换价值)是由"稀少性"决定的。

边际效用价值论各学派都是以个人的主观欲望及欲望满足作为理论的核心，认为同一物品带给人的效用满足程度是递减的，因此，决定价值量大小的不是商品的全部效用，而是最后一个增加量带给人的满足程度。"边际效用"一词曾有"最后效用程度"、"稀少"等不同的表达用语，所表达的意思都是相同的，维塞尔在其《价值的来源》一书，首次提出并使用了"边际效用"一词，并逐渐被广泛接受和认可（邰丽华，2007）。

边际效用价值论认为，物品具有价值必须满足两个条件：有用性和稀缺性；而决定商品价值量的是人们对商品的主观评价尺度边际效用；资本、劳动和土地等生产要素根据其在生产过程中的边际贡献获得生产总效用中归属于自己的那部分价值。

在论证方式上，边际效用价值论越来越注重数学分析，并仅仅把价值归结为一种商品交换的比例关系，出现了价值理论向价格理论转化的趋势（董建才，2006）。

3.1.1.5　均衡价格理论（新古典经济学价值理论）

1890 年，英国新古典学派的创始人阿弗里德·马歇尔在其出版的《经济学原理》中，综合了生产成本价值论、边际效用价值论等理论观点，采用供给需求分析方法，提出了均衡价格理论。

在需求分析方面，他以边际效用递减规律来说明需求变动，并把它具体化为以货币表现的需求价格，提出了边际需求价值递减规律，并推导出需求曲线，即商品购买者为了购买一定量的某种商品而愿意支付的货币数量，随着商品价格的下跌而增大，随着价格的上涨而减少，商品的价格和需求量之间呈反向变化。

在供给分析方面，他以生产成本理论来说明供给。在萨伊劳动、资本和土地三要素的基础上，马歇尔提出一个新的生产要素：企业经营，并对这个新要素的作用、地位及供给价格进行了论证。生产要素的供给价格构成生产成本，它与产品的数量关系表现为边际生产成本递增的规律：供给价格越高，供给的数量就越多；供给价格越低，则供给的数量就越少，供给价格与供给数量呈正向变化。

在供给和需求分析的基础上，他提出，当一种商品的供给价格和需求价格相一致时，就形成了均衡价格。所谓均衡价格是指需求价格与供给价格相等，产量没有增加或减少趋势，供给与需求处于均衡时的商品价格（邰丽华，2007）。

马歇尔的理论虽然沿用了价值的概念，但实际上是以价格代替了价值，成为了研究流通领域供求关系问题的价格理论。在马歇尔经济学说及其新古典经济学于 20 世纪初占据主导地位后，经济学中的价值分析在西方经济学那里完全被价格分析取代了（董建才，2006）。

3.1.1.6 国内经济学界对价值理论的观点

经济学界关于价值理论的争论主要集中在是由劳动决定，还是生产要素决定，效用决定，还是供求关系决定。对于西方经济学价值概念的泛化以及用价格理论代替价值理论，国内经济学理论界存在不同的观点。

晏智杰认为，价格决定是比价值决定更高层次，更带普遍性和根本性的问题。价格论是关于商品经济和市场经济运行的一般原理，它更能说明商品生产、交换、分配和消费的最终基础和规律（晏智杰，2001）。

国内主流经济理论仍然坚持以劳动价值理论作为价值理论基础和研究价格问题的起点，认为新古典经济学的价格理论试图通过对经济现象的分析来解释经济实质，而不是利用经济实质来说明经济现象。如果经济现象与经济实质是一致的，那么这种取代还有可能。但是在经济运行过程中，现象与本质不可能完全统一。因此，价格论取代价值论的做法并不科学（邰丽华，2007）。价格理论虽然在一定程度上适应了揭示现代市场经济运行规律的需要，但从本质上是为掩盖和消弭劳资矛盾，巩固资本主义生产方式的统治地位服务的（董建才，2006）。

因此研究价格确定的理论问题，既要从客观的角度出发，考查商品价格背后客观存在的经济本质，也要考虑人的主观因素、供求关系以及经济运行的其他系统对商品价格的影响。

3.1.2 地租理论

地租是土地所有权在经济上的实现形式，是土地的使用者为了使用土地本身而支付给土地所有者的超过平均利润以上的那部分价值。

3.1.2.1 古典政治经济学的地租理论

古典经济学派地租理论的主要代表人物是威廉·配第、亚当·斯密以及大卫·李嘉图。

配第在其《赋税论》中指出了地租是"劳动产品扣除生产投入维持劳动者生活必需后的余额"，他还从费力相同、位置不同的地段以及不同肥力土地的生产力差异两方面探讨了产生地租的差异，指出当本地区土地生产的产品不能满足需要，就要耕种较远地区的土地，或者在本地区土地上投入更多的劳动，提高劳动生产率，导致地租增加，形成了级差地租的最初概念。同时，配第还揭示了地价地本质，认为土地价值不过是一定年数的地租总额，或者是地租的资本化。

斯密在他的《国民财富的性质和原因的研究》一书中，提出地租是"为使用土地而支付的价格"，是土地所有权的结果，是一种垄断价格，形成了绝对地租的概念雏形。斯密还首先提出了谷物地租决定其他地租的思想，他认为，生产谷物的耕地的地租支配着畜牧业、林业及经济作物等农业部门生产用地的地租，如果其他农业生产用地所提供的地租长期高于耕地的地租，耕地就会改为他用。

李嘉图在配第的基础上发展了级差地租理论，在他的《政治经济学与赋税原理》一书中，将地租理论与劳动价值论联系起来考察地租。李嘉图界定的经济学意义上的地租不是土地的产物，而是农业生产中超额利润的转化形式，他指出，并非一切耕作的土地都会获得地租，只有土地上生产的物品超过必要生产费用产生超额利润时才能产生地租，可见李嘉图的地租理论中的地租实质上是级差地租。李嘉图认为，地租的形成条件一是土地数量有限，二是土地肥沃程度和位置的差别。根据地租的成因，李嘉图区分了地租（级差地租）的形式，即因土地质量差异形成的丰度地租、因土地距市场远近形成的位置地租、因追加投资和相应减少劳动报酬产生的资本地租。

此外，李嘉图还提出了地租（级差地租）变动的规律，他认为在农业中谷物的价值由劣等土地上生产的谷物所花费的劳动时间决定，也就是说由生产率最低的谷物的个别价值决定。这样优等土地获得地租，归土地所有者占有了，因此，地租的数量取决于各块土地，或同一块土地各个不同的资本生产率的差别；农业改良可以提高农业生产率，降低农产品价格，从而降低地租。

3.1.2.2　马克思的地租理论

马克思的地租理论是在批判地继承古典政治经济学地租理论基础之上创立起来的。马克思在《资本论》第 3 卷，基于其劳动价值理论、剩余价值理论和生产价格理论，通过对资本主义生产关系和农业土地制度的考察，揭示了地租的本质：“一切地租都是剩余价值，是剩余劳动的产物”，一切形态的地租都是“土地所有权在经济上的实现”。马克思提出了级差地租、级差地租 I 与级差地租 II 以及绝对地租的概念，并对其进行了深入研究。

马克思在李嘉图地租理论中的基础上，把成本区分为生产成本和平均利润，推导出超额利润转化为级差地租的科学论断：即优等级土地的生产率高，其产品的个别生产价格低于社会生产价格，形成超额利润，从而转化为级差地租。依据级差地租的具体成因，马克思把丰饶程度、地理位置等土地本身质量因素而引起生产率不同所形成的级差地租称为级差地租 I，把在同一地块上因连续投资而引起劳动生产率不同所形成的级差地租称为级差地租 II。级差地租 I 与 II 实质上是一致的，是投在土地上的等量资本所具有的不同生产率的结果，级差地租 I 是级差地租 II 的基础与出发点。

马克思在分析级差地租的基础上，通过研究地租与土地所有权的关系，提出了因土地所有权的垄断而产生绝对地租的结论。马克思认为，土地超额利润不同与一般商品超额利润，并不完全是农产品个别生产价格低于农产品的社会生产价格的差额，而包含有土地产品价格转移的社会价值。由于土地数量的有限和市场对农产品需求的不断增长，农产品社会价格由劣等土地产品的个别生产价格来调节，劣等土地也能获得土地超额利润，从而形成了绝对地租。

根据绝对地租、级差地租 I、级差地租 II 的划分，整个农业部门生产价格与农业部门产品实现价值（社会生产价格）的差额形成绝对地租，较优等土地与劣等土地生产价格的差额形成级差地租 I，在同一块土地上连续投入等量资本引起的生产率而导致的生产价格差额形成级差地租 II。

马克思还认为，土地私有权的垄断，使得土地超额利润得以保留于农业部门，是绝对地租的原因产生的根本原因；农业资本有机构成低于社会资本或工业资本平均构成，造成农产品价格和生产价格的差额，是绝对地租产生的前提条件。所以绝对地租的数量变动，主要取决于农业资本有机构成的水平。

关于地租的变动规律，马克思反驳了李嘉图的观点，他认为，在技术进步和土地肥力提高的情况下，农业劳动生产率逐步提高，农产品生产价格会相应降低，而地租会相应增加。

3.1.2.3 其他学派关于地租的论述

萨伊提出了生产成本价值论，他把价值归因于劳动、资本和土地三种生产要素，认为这三种生产要素在创造价值的过程中协力发挥作用，应得到相应的补偿。工资是对劳动的补偿，利息是对资本的补偿，地租是对土地的补偿，三者构成了创造价值的生产成本（生产费用）。

马尔萨斯在其 1815 年出版的《关于地租的性质及其进步的研究》一书中解释地租为总产品价值中的剩余部分，是总产品价值扣除劳动工资和耕种利润后的剩余部分。他把产生这个剩余部分的原因归结为三个方面：一是土地的性质，二是生活必需品所特有的性质，三是土地的相对稀缺性。

新古典经济学派的主要代表人物萨缪尔森认为，社会总收入是由各种生产要素共同创造，土地、劳动、资本与企业家是创造收入的四个要素，而地租、工资、利息和利润则是这四个要素的相应的报酬，其大小取决于生产要素的互相依赖的边际生产力。萨缪尔森认为边际生产力为收入分配即生产要素的定价提供了线索，但价格是在市场上决定的。以此为理论依据，他研究了土地及其他自然资源的租金如何通过市场供求得以决定，其主要观点包括：需求是决定地租唯一因素，地租产生的根本原因在于土地的稀少；如果给定了不变的土地供给，则地租产生的直接原因就是土地需求的增加；土地的边际生产力提高或土地产品需求的增加会增加土地需求，相应会提高地租；地租随土地产品的市场价格变化而变动，在技术不变的情况下，地租随土地产品价格的上升而不断上涨。

3.2   森林资源资产价值与价格的理论探讨

3.2.1   森林资源价值理论研究现状

曾经一度，由于受多方面原因的影响，人们认为自然资源的本身是没有价值的，没有价值的物品自然没有价格。在资产管理上，自然资源的价格就是勘探和开发的成本。对于作为自然资源重要组成部分的森林资源而言，这种观点同样存在，并曾经占据过主导地位。随着社会经济的发展和理论研究进步，森林资源具有价值和价格得到理论界的普遍认可。目前国内学者主要用劳动价值理论分析森林资源的价值，比较有代表性的观点有以下几种：

笔者在1997年参加林业部财务司《森林资源资产评估》（培训教材）编写时，用马克思的劳动价值论从森林资源的生产和再生产角度论述了森林资源的价值：过去，森林资源主要是天然林，且表现出极大丰富，其再生产也主要是自然再生产，不需要人们付出劳动就自然存在、自然生成，因而在这一特定的历史条件下森林资源无疑没有价值。在森林资源作为人类生存发展的一种重要的物质基础被某一产权主体占有时，它可以作为生产要素进入商品流通，并具有一定的价格，但其价格基础不是价值，而是森林地租。随着社会经济发展，人类对森林资源的需求不断增加，单纯依靠自然再生产不能达到森林资源与社会经济的协调发展。为了保持经济社会长期的稳定发展，人类必须对森林资源的再生产投入劳动，使自然再生过程和社会再生产过程结合起来。森林资源中人工林所占的份额不断扩大，天然林采伐后也需要人类劳动的投入促进更新，因此，依据社会平均必要劳动时间决定价值的劳动价值论，森林资源就具有了价值，其价值量的大小就是在森林资源的生产和再生产过程中人类所投入的社会平均必要劳动时间（林业部财务司，1997；罗江滨，2002）

　　魏远竹把森林资源分为人工林资源和天然林资源，并分别论述了其价值来源。他认为：人工林资源从采种、育苗开始，一直到种植、抚育、采伐或采收为止的一系列生产经营过程，都有人类的劳动参与其中，所以按照马克思的劳动价值论，人工林资源的价值就是人工林产品中凝结的人类的一般劳动。未经人类劳动参与的纯粹的天然林资源，或者已经有人类劳动加入其中的天然林中的原始部分，它们虽然没有人类的劳动凝结其上，但也具有价值，天然林的价值是由天然林的天然价值（即天然林的自身价值）和天然林上附加的人工价值（即劳动价值）两个部分共同构成的。

　　关于天然林资源的天然价值，他认为"就是指天然林资源本身所固有的，未经人类劳动参与的价值"。按照马克思的地租理论，土地价值是资本化的地租。同样，由于天然林的有用性、稀缺性及所有权的垄断，天然林资源租金的资本化就构成了天然林资源的天然价值。

　　而天然林上附加的劳动价值，则是人类为保证天然林的正常生长直接或间接地付出的劳动，特别是在森林的经营和管护方面。按照马克思的劳动价值论，这些人类的劳动的凝结，就形成了天然林资源的附加人工价值（即劳动价值），且这种附加价值已经与天然林的天然价值浑然一体了（魏远竹，2002）。

　　田明华认为，随着社会经济发展，人类对森林资源的需求不断增加，当单纯依靠自然再生产已经不能达到森林资源与社会经济的协调发展时，为了保持经济社会长期的稳定发展，人类必须对森林资源的再生产投入劳动，人类的劳动投入是世界森林资源增长的根本原因。因此，不论是从人工林的生产还是天然林的再生产角度看，森林资源都具有了商品和价值的性质。依据马克思关于社会平均必要劳动时间决定价值的劳动价值论，森林资源（包括非常稀少的天然林）的价值就是在森林资源的生产和再生产过程中人类所投入的社会平均必要劳动时间。

　　田明华还对森林资源价值量的决定进行了理论研究，他认为，与工业产品的价值量应该由中等条件下的社会必要劳动量来决定不同，由于森林生于林地，森林资源是人力和自然力相互作用形成的，而林地是一种特别的生产资料，林地的数量是有限的，林地质量具有优劣之分，好地的数量尤其有限。为了满足社会需要，不得不使用中等地，甚至劣等地。因此，森林资源的价值量决定是由已利用的最差等级林地的平均必要劳动时间决定的。他认为这与马克思论述的对于农业生产部门，由于土地数量优先即存在着经营垄断，农产品的价值可以由最不利的生产条件所决定是一致的(田明华，2003)。

3.2.2   对森林资源价值理论的探讨

本文认为，上述用马克思劳动价值理论和地租理论对森林资源资产价值来源的分析，对构建中国特色森林资源价值价格理论做了有益的探索，对其大部分观点，笔者也认同。但有些论述不够严谨，还存在有待商榷之处：

(1)马克思的劳动价值论将商品的价值定义为凝结在使用价值或财物中抽象的或一般的人类劳动，在其理论中，价值就有了特定的含义，是狭义的价值概念——一般人类劳动的凝结。因此，应明晰价值和交换价值、价格的概念。

(2)关于土地，马克思指出，"土地不是劳动的产品，从而没有任何价值"。他认为土地价格并非商品价格，即不是土地价值的货币表现，而是"土地所提供的地租的购买价格，它是按普通利息率计算的。但是地租的这种资本化是以地租为前提，地租却不能反过来由它本身的资本化而产生并得到说明"(《马克思恩格斯全集》，第25卷，705页)。因此用地租理论论证天然林资源可以具有交换价值或价格，而不能说具有了"价值"。

(3)用天然林人工促进再生产来说明天然林具有价值的说法过于牵强。其一，天然林人工促进更新后就不再是天然林了，而是人工林了，最多只能称为天然次生林，因此不能用更新后的资产具有价值证明更新前的天然林也具有价值；其二，用社会平均必要劳动时间代替作为没有人类劳动投入的天然林的价值说法过于牵强，它只能证明天然林具有和人工林同样的甚至更高的交换价值或价格，但不能往前反正天然林具有价值。

3.2.3 森林资源价值理论的再认识

近几年，随着国内经济理论研究的进展，对马克思政治经济学的价值理论研究也有新的进展。马克思劳动价值论回答的是价值如何创造、创造价值的主体以及价值量如何决定等问题，最终要说明资本主义生产方式运行和发展的一般规律，属于抽象的理论分析。以劳动价值论为基础，马克思对资本主义社会化再生产规律进行了分析研究，发现了平均利润规律，进而提出了生产价格理论。生产价格理论是劳动价值理论由抽象层面向具体化的过渡（邰丽华，2007），生产价格是价值的转化形式，是价值规律在较高的资本主义发展阶段上发挥调解作用的特定形式（董建才，2006）。同理，马克思以劳动价值论为基础，通过对农业生产过程的分析研究，提出的地租理论，则是劳动价值论在农业这个特殊生产领域的具体表现形式。

基于以上观点，本文认为，用马克思政治经济学理论研究价格问题，应以劳动价值论作为理论基础，要坚持劳动价值论的原理，但又不能禁锢于劳动价值论，停留在用抽象的价值理论和简单商品生产阶段的价值规律来揭示高级商品生产阶段的商品价格问题。

森林资源的生产过程与农业生产具有相似之处，同样以土地为基本生产条件，同样需要人类劳动和自然力相结合，且森林资源生产和再生产已纳入社会化再生产体系。森林资源的价值价格理论研究，不应停留在用仅仅抽象的劳动价值论分析森林资源资产的价格，还应运用地租理论和生产价格理论进行更接近经济运行实际的具体分析研究。

3.2.4 森林资源资产的价值与价格

本文用马克思劳动价值论探讨森林资源的价值，用生产价格理论和地租理论探讨森林资源资产的价格基础（交换价值）。关于森林资源价值与价格理论的基本观点为：

（1）森林资源资产的价值就是其生产和再生产中凝结的人类的一般劳动。

森林资源资产作为资源类资产，也是一种特殊的商品，具有使用价值和价值。作为资产其使用价值就是为经营者带来预期收益，其价值就是森林生产和再生产中凝结的人类的一般劳动。

（2）人工林具有价值，但直接决定价格的因素是生产价格。人工林的生产价格是价值的转化形式，人工林的价格以生产价格为基础，围绕生产价格上下波动。

根据马克思生产价格理论，在市场社会化大生产过程中，劳动者的具体劳动转移生产资料的价值，抽象劳动创造相当于劳动力自身的价值和一定量超过自身价值的剩余价值，商品的价值 w 包括转移过来的生产资料的价值 c、生产过程必要劳动创造的新价值 v 和剩余劳动创造的剩余价值。生产资料转移的价值和必要劳动创造的新价值看做资本耗费，因而把 $c+v$ 称为成本价格；剩余价值看做资本的增加额——利润 m；由于竞争和资本的转移，利润出现平均化趋势，转化为平均利润，成本价格和平均利润构成商品的生产价格。在社会化大生产条件下，商品的价格以生产价格为基础，围绕生产价格上下波动。

按照生产价格理论，人工林林木资产的生产价格包括：林木生产过程中转移的生产资料价值、林木生产过程中投入劳动创造的新价值以及林业生产部门的平均利润。林木资产的价格以生产价格为基础（交换价值），受供需影响而波动。

（3）林地和天然林的价格基础不是价值，而是资本化的地租，林地和天然林的价格以资本化的地租为基础，受需求影响而波动。

未经人类开发的林地和天然林资源没有价值，但是可以有价格。林地和天然林资源的价格基础问题可用马克思的地租理论解决。马克思在研究地租理论时曾经指出，"真正的地租是为了使用土地本身而支付的，不管这种土地是处于自然状态，还是已被开垦"（《资本论》第三卷，第 698 页），"资本化的地租表现为土地价格或土地价值（在此，价值是指交换价值）"（《资本论》第三卷，第 704 页）。按照马克思的地租理论，土地价格是资本化的地租，森林地租的资本化构成了林地和天然林的价格基础（交换价值）。

林地的地租由绝对地租、级差地租Ⅰ和级差地租Ⅱ构成。由于林地数量的有限和市场对木材等林产品需求的不断增长，木材等林产品的社会价格由适于经营的劣等林地条件生产的木材等林产品的个别生产价格来调节；林地所有者凭借对其所有权的垄断，从适合经营的劣等林地也能获得土地超额利润，从而形成了绝对地租。林地的立地条件、地理位置等质量因素不同而引致的劳动生产率差异所形成了级差地租Ⅰ；在同一块林地上连续投资使得林地的劳动生产率不同而形成了级差地租Ⅱ。天然林的地租主要是由于天然林生产的木材与适合经营的劣等林地上人工林生产木材的劳动生产率差异形成的级差地租Ⅰ。

林地和天然林的价格基础(交换价值)就是森林地租的资本化，由于林地供给总量的有限性，供需关系对价格的影响以需求为主，因此林地的价格以资本化的林地地租为基础，主要受需求影响而波动。

3.2.5 森林资源资产价值与价格理论研究的意义

森林资源价值与价格理论研究对其价格评估具有重要的指导意义。通过森林资源的价值、生产价格和地租的来源及对森林资源资产价格的影响研究，对探讨森林资源资产价格的内涵、价格特性及评估方法提供了理论依据。尤其是地租理论，揭示了森林资源资产的资本属性——可获益性，对林地价格评估具有直接的指导意义。

第4章
森林资源资产价格形式及影响因素分析

在森林资源资产价值与价格理论分析的基础上，本章从价格表现的层面上进一步探讨森林资源资产的构成和价格特征、价格类型及价格体系，并分析森林资源资产价格的影响因素。

4.1 森林资源资产的价格特征

4.1.1 森林资源资产的构成

森林资源资产是在现有认识和管理水平条件下，通过经营利用，能给其产权主体带来一定经济利益的森林资源。不同于国内目前把森林资源资产分为林木资产、林地资产以及可开发利用的森林景观资产，本文从分析资产价格构成及形态的角度，把森林资源资产分为林地资产、林木资产以及林木林地合一的森林资产，森林景观资产只是森林资产的一种特殊表现形态。

4.1.1.1 林地资产

林地是森林资源的基础，是林木生长的条件。根据《森林法实施条例》规定，林地"包括郁闭度 0.2 以上的乔木林地以及竹林地、灌木林地、疏林地、采伐迹地、火烧迹地、未成林造林地、苗圃地和县级以上人民政府规划的宜林地。"

我国的法律规定，土地归国家和农村集体所有，除国家征用农村集体土地外，土地所有权不能流转。企业和个人都不能拥有土地所有权，只能获得土地使用权。因此，我国的法律框架下，对于企业和个体经营者，土地资产成为一项特殊的无形资产——土地使用权。《中华人民共和国土地管理法》（以下简称《土地管理法》）第四条关于国家实行土地用途管制制度的规定中，"将土地分为农用地、建设用地和未利用地"，其中"农用地是指直接用于农业生产的土地，包括耕地、林地、草地、农田水利用地、养殖水面等"。可见在国家土地管理制度中，林地归为农用地的管理类型。同样，林地所有权只存在国家所有和集体所有两种形式，企业等各类组织和个体经营者对林地只拥有使用权，不享有所有权。

对于林地使用权的流转，按照我国《森林法》规定，只有划归商品林的用材林、经济林、薪炭林及其采伐迹地、火烧迹地的林地使用权可以依法转让，或作价入股及作为合资、合作造林、经营林木的出资、合作条件，但不得将林地改为非林地；其他森林、林木和其他林地使用权不得转让。

综合《森林法》等关于林地的划分及林地使用权的管理规定，依据前面对森林资源和森林资源资产的概念界定，可以得出这样的结论：只有用于商品林生产生产（包括用材林、经济林、薪炭林）的林地使用权才能归为林地资产的范畴，用于公益林的林地使用权对国家来说是重要的资源和财产，由于其特殊的功能及管理规定，目前不能作为一般意义上的资产的研究对象。

林地资产业务包括企业和个人在不改变林地用途的前提下，依法购买和承包国家和集体的林地使用权、林地使用权及承包经营权人依法对所拥有的林地使用权和林地承包经营权进行转包、出租、入股、抵押或作为出资、合作条件等。

林地资产特殊资产业务包括征占用林地以及改变原规划林业用途等。

4.1.1.2 林木资产

林木即生长在林地之上的木本植物，林木是森林资源资产价值的来源，林木资产是森林资源资产的主体。根据我国的《森林法》和《森林法实施条例》规定，单位和个人所有的林木，可以由该县级人民政府登记造册，核发证书，确认林木所有权。

林木脱离林地，作为单独的资产业务对象的情形包括：

林木采伐权交易。在国外和南方集体林区，林场主和营林公司通常不自己采伐林木，而是把即将采伐的林木卖给专业的采伐公司采伐，这时的林木资产即脱离林地成为单独的资产业务对象。

会计核算业务。由于我国特殊的土地管理制度，林地使用权作为企业无形资产，在企业会计核算中，要求把林木资产和林地使用权分别计量核算，这也使得林木资产脱离林地资产成为单独的资产核算对象。正是这些特殊的资产管理制度形成的资产业务，使得在资产评估时，大部分情况下，将林木资产和林地资产作为相互独立的评估对象进行评估。

4.1.1.3   森林资产

作为经营对象，林木资产和林地资产是不可分的，因此把林木资产和林地资产合一时称为森林资产。森林资产是林地使用权和林木所有权的结合体，在森林资产中，林地资产是林木资产的基础和条件，林木资产是林地资产的价值载体。

对于森林资源流转等资产业务，《森林法》规定划归商品林的用材林、经济林、薪炭林可以依法转让，也可以依法作价入股或者作为合资、合作经营的出资、合作条件。同时规定，已经取得的林木采伐许可证可以同时转让，同时转让双方都必须遵守本法关于森林、林木采伐和更新造林的规定。

根据以上对森林的分类及法律规定，划归商品林的用材林、经济林和薪炭林可以作为森林资产管理和运营，其他划归生态公益林的林种在目前法律规范下不能作为森林资产管理和运营。需要说明的是风景林，它属于生态公益林大类，不能按商品林一样开展资产业务，但可以依托森林景观开发旅游，所以许多学者把森林景观资产作为与林木资产、林地资产并列的森林资源资产加以研究。本文则认为，森林的景观具有独特的经济属性，以景观为主的森林其技术标准、经营模式、盈利模式完全不同于一般意义上的森林，从经济属性和资产类别上，它更接近于景观类资产。如同名人故居的实物形态是房地产，当被作为旅游资源开发后，它就不是一般意义上的房地产，而转变成为旅游资产了。因此本文将森林景观归类为森林的一种特殊利用形式，森林景观资产是森林资产的特殊表现形式。

作为森林(林木)资产的商品林中，薪炭林的发展正处于规划起步阶段，用材林与经济林的经营模式和收益途径有较大的差异。相比较，用材林是森林经营的主体，用材林的经营模式及投入产出流程更具有代表性，所以本文以用材林为样本研究森林资产的价格特征及评估方法。

4.1.2　森林资源资产的价格特性

森林资源资产分为林地资产、林木资产和林木林地合一的森林资产，相应的，森林资源资产的价格也表现为林地资产价格、林木资产价格以及林地与林木合一的森林资产价格。

4.1.2.1　林地价格的特殊性

林地资产是一种较为特殊的资产，其价格也表现为一定的特殊性：

(1)价格构成的特殊性。林地价格与一般资产或商品的价格构成不同。一般商品的价格是由生产该商品的生产价格构成的，包括生产资料转移的价值、必要劳动创造的价值以及平均利润，其本质构成是价值，即生产该商品所消耗的社会必要劳动时间。林地不是人类劳动产品，所以其价格本质不是林地价值的货币表现，而是林地权益的价格，即由于林地所有权垄断和超额收益而产生的林地地租的资本化价格。此外，林地价格还包含有一部分人类投入的物化劳动和活劳动所创造的价值，这部分林地价格构成中的因素与一般商品或资产的价格构成因素是一致的。

(2)价格决定机制的特殊性。一般商品或资产的价格是由其生产价格为基础，受市场上供求关系的影响。林地价格主要由林地地租或林地收益所决定，其价格决定因素包括林地的生产力因素、区位因素以及社会经济因素等。此外由于林地市场机制不健全，森林收益的不确定性因素较多，林地价格决定的不确定性较大，或者说林地价格的决定并非科学合理。

(3)供求关系影响的特殊性。与一般商品或资产价格受供求关系影响变化不同，由于林地的总供给基本是固定的，且由于垦荒和国家建设征占用林地，使林地总量呈现减少的趋势，所以林地供给缺乏弹性，在供求关系影响中，林地价格主要受需求的影响。

(4)价格水平的特殊性。林地价格主要决定于林地收益，并主要受需求因素的影响。森林的经营周期长使得林地投资的流动性差、林地收益呈现出较大的不确定性，使得林地价格会低于同等条件下的农用地价格和建设用地价格；另一方面，林地不同于一般商品会产生自然损耗和技术性贬值，林地在采取合理经营的情况下，林木生长损耗的肥力能够恢复，从而避免自然损耗引起的贬值；技术进步可以提高林地的生产力，因此也不会产生技术性贬值；随着技术进步、经济发展，林地的生产力和收益会不断提高，对林地的需求也会不断增加。综合分析，林地价格长期趋势会呈现上升的态势。

4.1.1.2 森林及林木资产价格的特殊性

森林是由林地和生长在林地上的林木构成，森林资产价格特殊性主要取决于林地价格的特殊性，但森林资产价格特征并不完全等同于林地资产的价格特征，还具有其自身的特殊性：

(1)森林资产价格构成更为复杂。森林资产的价格包含林地和林木资产价格两部分。林地价格是一般是指林地使用权的价格，其价格构成是林地所有权垄断带来的超额收益和林地开发投资创造的价值，即自然资源的价格和资金投入的价格。林木价格是所有权的价格，是人类劳动作用于自然力生产的产品，具有一般商品的属性，又不完全等同于一般商品的价格构成。因此森林资产的价格构成更为复杂。

(2)森林资产价格决定也更复杂。森林资产中林地价格由林地收益所决定，人工林林木价格由其生产过程的劳动和生产资料耗费所决定，天然林和天然更新经营方式下的林木价格由超额收益所决定。供求关系对价格的影响也不同于林地价格主要由需求决定的模式，增加对森林经营的投资会增加森林供给，森林资产价格受供求关系影响，但由于产出具有显著的滞后性，所以在市场供求关系中，需求因素对森林资产价格的影响更大。

（3）森林资产价格具有较强的政策性。森林兼有经济、生态和社会效益，森林资源受国家保护，森林资源的开发经营不是完全的市场行为，受国家政策影响较大。相应的，森林资产价格也受国家政策的影响较大，国家对森林经营的扶持政策、对森林采伐的限制措施和对森林流转的管理都会影响森林资产的价格，有些情况下政策可能成为森林资产价格的主要决定因素。

4.2　森林资源资产的价格类型和价格体系

规范森林资源资产流转和产权交易，需要依据不同的资产交易类型，建立一套科学可行的森林资源资产价格体系。目前我国的森林资源资产流转和产权变动可分为两大类型：一是在国家规定的不改变林地用途的前提下，基于正常市场的资产流转和产权交易，包括森林资源资产的转让、出租、入股、抵押等；另外一类是非市场的资产流转和产权交易，包括国家建设征占用林地等改变林地用途的资产交易。相应的，森林资源资产价格类型可以分为基于市场交易行为的流转价格类型类型和基于非市场交易行为的转用价格类型。

4.2.1　森林资源资产的流转价格和转用价格

由于我国实行土地用途管制制度和森林资源保护政策，对森林的经营和流转有严格的政策限制，所以同一森林资源资产继续经营和转变用途经营，其价格会有根本性的不同，产生了流转价格和转用价格两种不同的价格类型。

4.2.1.1　流转价格

流转价格是指森林资源资产按现用途继续经营情况下进行资产流转和产权交易的价格，即森林资源资产在不改变用途的前提下在不同经营主体之间发生资产交易时的价格。

根据我国《森林法》规定，划归商品林的森林、林木、林地使用权可以依法转让，也可以依法作价入股或者作为合资、合作造林、经营林木的出资、合作条件，但不得将林地改为非林地。2008年6月中共中央、国务院发布的《关于全面推进集体林权制度改革的意见》规定，林地承包经营权人在不改变林地用途的前提下，可依法对拥有的林地承包经营权和林木所有权进行转包、出租、入股、抵押或作为出资、合作条件，对其承包的林地、林木可依法开发利用。

因此，一般情况下的森林资源资产业务，包括森林资源资产交易、合资合作以及资产抵押等产权流转行为，都是在不改变林地用途的前提下和继续经营基础上的资产业务，其交易价格都属于流转价格类型。森林资源资产在产权流转发生交易后，要继续用于林业经营，森林及林地质量及相应的经营收益的高低决定了其价格的高低。

资产评估理论方法是建立在继续使用假设的基础上，因此，除特殊说明之外，森林资源资产评估都是基于市场交易的流转价格的评估，本文后面评估方法的研究也都是以流转价格为基础的评估。

4.2.1.2　转用价格

转用价格是森林资源资产按规定的审批权限报批后，改变原经营用途，转为建设用地和其他非林业用地时的价格。

森林资源资产转用价格是由于我国实行土地用途管制制度和森林资源保护政策而产生的特殊价格类型。我国《土地管理法》将土地分为农用地、建设用地和未利用地，并实行土地用途管制制度，严格限制农用地转为建设用地。在土地用途管理制度下，农用地按照土地利用总体规划和国家规定的批准权限报批后转为建设用地，成为了一种特殊的经济业务——土地转用。《森林法》第十五条规定，符合条件的林地使用权可以依法转让，但不得将林地改为非林用地，在此也强调了林地用途的管理。

国家和农村集体的森林及林地按照土地利用总体规划和规定的审批权限报批后，转为建设用地和其他非林业用地时，其价值内涵和经济属性发生了根本性变化，因此价格基础及适用的评估方法都不同于按原用途继续经营的市场流转价格，成为不同于正常资产交易价格的一个特殊的价格类型——转用价格。根据我国《土地管理法》和《森林法》的相关规定，转用价格属于补偿价格的性质。关于森林资源资产的转用价格，将在本书第8章进行专题探讨。

随着集体林权制度改革，林农产权保护意识增强，国家建设征占用林地的价格补偿问题将凸显，森林及林地转用价格概念的提出及研究具有十分重要的意义。

4.2.2 森林资源资产价格体系

森林资源资产由于其表现形态、权利以及管理方式的不同，形成了不同标准和不同作用的价格形式，这些不同形式的价格之间又相互联系，构成了森林资源资产的价格体系。从资产业务的总体角度，森林资源资产分为继续经营前提下的流转价格和改变为非林业用途的转用价格，而基于继续经营的流转价格又可从以下几个方面分类：

(1)按森林资源资产的基本存在形态，可分为林地资产价格、林木资产价格和森林资产价格。

林地资产价格一般简称林地价格，指的是林地使用权的价格。单独的林地价格是不包括之上林木的空地价格。通常情况下单独计价交易的林地资产为采伐迹地和未造林林地；此外企业购买的森林资产，根据会计核算的规定，应将作为无形资产的林地使用权和作为生物资产的林木资产分别计价核算，需要单独的林地价格。

林木资产价格是单指生长于林地之上的林木的价格，即立木价，不包含林地资产的价格。现实中大部分情形林木资产和林地资产是联系在一起的，但有时也需要单独的林木资产价格，一种情形为即将采伐的林木发生交易时，因不涉及林地经营，交易价格仅仅是待采伐立木的价格（林木采伐权价格）；另一种情形是企业森林资源资产核算时，因资产归类不同，需要将林木资产单独计价核算。

森林资产的价格就是林地和林木合一的价格，现实中大部分资产业务涉及的价格是林地使用权和林木合一的森林资产价格。根据森林龄级的划分，森林价格分为幼龄林价格、中龄林价格、近成熟林价格和成熟林价格；根据森林资产用途，可分为用材林价格和经济林价格。

（2）按森林资源资产的权益，可分为所有权价格、使用权价格和承包经营权价格。

根据我国有关法律对森林资源资产的权益规定，国家和集体的林地所有权不允许转让，可以作为资产转让交易的森林资源资产产权包括林木所有权以及林地、林木、森林使用权及集体林地的承包经营权。现实经济业务中的林木资产交易大部分是所有权转让，因而林木资产价格指的是林木所有权价格。林地资产交易基本是林地使用权的转让，因此林地资产价格一般是指林地使用权价格；对于集体林地，其所有权归集体所有，林权制度改革后林农获得了林地的承包经营权，根据国家规定，在不改变林地用途的前提下，林地承包经营权可以依法通过转包、出租、互换、入股等形式流转，林地承包经营权实质上是林地使用权在集体林权制度下的一种特殊表现形式，因此承包经营权价格是使用权价格的一种特殊表现形式。森林资产价格就是林木所有权价格和林地使用权价格的组合价格。

（3）按森林资源资产价格形成方式，可分为评估价格和市场交易价格。

评估价格是评估人员根据自己在森林资源资产方面的经验和知识对森林资源资产可能的市场交易价格的估算数。市场交易价格是森林资源资产实际的市场成交价格。由于市场环境条件不同，市场交易价格经常处于波动状态；评估价格也是依据特定市场环境对市场交易价格的估计，因而也具有时效性。

（4）按森林资源资产评估的方式不同，可分为基准价格和宗地价格。

基准价格起源于城镇土地评估，是地方政府发布的城市分土地级别和用途的平均地价。以基准地价作为参考，将被评估宗地的区域条件和个别条件与所在区域的平均条件相比较进行修正，从而可以方便地评估出宗地价格。

依据城镇土地评估和农用地评估中建立基准地价的思路，基准林价

（林地价）指一定自然经济区域内，一定自然经济条件下，某一等级森林（林地）的平均价格。基准林价一方面可以为评估某一片具体的森林（林地）提供参照价格，另一方面也可以为森林保险等非市场交易业务提供依据。

相对于基准价格，把评估某一片或一宗特定森林（或林地）的价格称为宗地价格。一般森林资源资产评估研究都是基于宗地价格为研究对象。

4.3 森林资源资产价格影响因素

由森林资源资产的价格特性可知，决定森林资源资产价格的根本因素是其收益水平，而森林资源资产的收益最终是通过木材和其他林产品的销售来实现的。影响森林资源资产收益及价格的因素包括林地的立地条件、区位条件、林木生长状况、营林成本水平、木材及林副产品销售价格等。

4.3.1 林地立地质量

林学上把影响森林形成和生长发育的自然环境条件称为立地（site），它是包括气候、地质、地貌、土壤、生物条件等所有影响森林和其他植被生产能力的自然因素的综合。立地质量（site quality）是对林地立地条件好坏的评价，指在某一立地上既定森林或者其他植被类型的生产潜力（孟宪宇，2006）。在影响立地质量的诸多因素中，降雨量、温度等气候条件对森林的生长影响最大，但由于一定区域内大的气候条件变化不大，所以一般的立地质量是指狭义的立地质量，指林地自身的质量对林木生长的影响因素，森林资源资产评估有关研究中也将林地质量称为林学质量。

4.3.1.1 影响立地质量的因素

林学上把影响立地质量的因素称为立地因子。立地因子包括：土层厚度、腐殖质层厚度、土壤质地、海拔高度、坡位、坡向、坡形、地势等。

以上各因子中，土层是林木根系生长的场所，深厚的土层是林木正常生长的必要条件。腐殖质是土壤肥力的重要指标，腐殖质层厚，土壤的肥力高，林木的生长好。土壤质地反映了土壤的物理性质，疏松、通气的土壤，根系生长发育好，地上部分的林木也长得好。海拔高度对积温有很大的影响，积温直接影响了林木的生长，大多数树种都有一个适宜的海拔范围。坡位对土壤的发育、水肥条件影响较大，因而对林木的生长发育的影响也很大，通常上坡的(特别是山脊)土层薄，林木生长较差，而下坡的林地土层厚，水肥条件好，林木生长好。坡向影响了日照的时数、强度，并对林木的生长产生影响，通常阴坡或半阴坡的林木材积生长较好，而阳坡的果树果实产量较高；在沿海迎风面坡向的林木生长差，而背风面的林木生长较好。坡形也对土壤的形成产生影响，通常低洼处的林木生长较好，立地生产潜力较大。地势分为开阔、较不开阔和隐蔽三种，它对局部的小气候有一定的影响，对于大多数林木来说，隐蔽的地形材积生长好(罗江滨、陈平留、陈新兴，2002)。

国家林业局《森林资源规划设计调查主要技术规定》第十四条把林地的立地因子规定为地貌、坡度、坡向、坡位、腐殖质层厚度和土层厚度5项，并分别规定了各因子的等级划分标准：

地貌依据海拔高度分为：极高山，海拔5000m(含)以上的山地；高山，海拔为3500～4999m的山地；中山，海拔为1000～3499m的山地；低山，海拔低于1000m的山地；丘陵，没有明显的脉络，坡度较缓和，且相对高差小于100m；平原，平坦开阔，起伏很小。

坡度分为六级：Ⅰ级为平坡，0°～5°；Ⅱ级为缓坡，6°～15°；Ⅲ级为斜坡，16°～25°；Ⅳ级为陡坡，26°～35°；Ⅴ级为急坡，36°～45°；Ⅵ级为险坡46°以上。随着坡度增大，土壤蓄水能力下降，同时地表土容易在重力影响下向下移动，造成水土流失。

坡向按东、南、西、北、东北、东南、西北、西南及无九个方位确定。坡向影响日照的时数、强度，从而对林木的生长产生影响。

坡位分脊、上、中、下、谷、平地六个坡位。

腐殖质层厚度和土层厚度：腐殖质层厚度分厚、中、薄三个等级。土层厚度根据土壤的 A 层 + B 层厚度确定，厚度等级见表4-1。

表4-1　土层厚度等级表

Table 4-1　Grade of soil layer depth

厚度级	A 层 + B 层厚度（cm）	
	亚热带山地丘陵、热带	亚热带高山、暖温带、温带、寒温带
厚层土	> 80	> 60
中层土	40 ~ 79	30 ~ 59
薄层土	< 40	< 30

资料来源：《森林资源规划设计调查主要技术规定》第十四条，国家林业局，2003。

4.3.1.2　立地质量等级指标

立地质量等级由各个立地因子的质量等级构成。由于林地的立地质量会通过林地之上林木的生长状况表现出来：在林分年龄相同的情况下，平均树高愈高，林地的立地条件越好，林地的生产力越高。所以在实际工作中，通常采用依据林分平均树高或优势木平均树高与林分年龄的关系编制地位级表或地位指数表来评定有林地的立地质量。

（1）地位级（site class）是依据既定树种的林分平均高与林分年龄关系表示的既定树种所在林地的立地条件优劣或林分生产能力相对高低的一种指标。一般分为五级，由高到低以罗马字 I 、 II 、 III 、 IV 、 V 表示。地位级越高，说明立地条件越好，其自然生产力也越高。地位级表则是分别树种依据林分条件平均高与林分年龄的关系，所编制的划分林地质量或林分生产力等级的数表，可通过编制某地域特定树种地位级表来方便地查找地位级（表4-2）。

地位级表通常是按树种编制的。因此，使用地位级表评定林地的地位质量时，应首先依据树种选择合适的数表，然后测定林分平均高和林分年龄，再由地位级表上查出该林地的地位级。应该注意，同一林地，对于不同的树种而言，很可能是不同的地位级；如果是复层混交林，则应根据主林层的优势树种确定地位级。

表 4-2　小兴安岭红松地位级表

Table 4-2　The site – quality table of pinus koraiensis in Xiaoxingan Mountains

年龄(年)	地位级				
	Ⅰ	Ⅱ	Ⅲ	Ⅳ	Ⅴ
40	7	6	5	3.3	2.5
50	10～9	8.5～7.5	7～6	5.5～4.5	4～3
60	13～12	11～10	9～8	7～6	5～4
70	16～14.5	13.5～12	11～9.5	8.5～7	6～4.5
80	19～17	16～14	13～11	10～8	7～5
90	22～19.5	18.5～16	15～12.5	11.5～9	8～6
100	24.5～21.5	20.5～17.5	16.5～14	13～10.5	9.5～7
110	26～23	22～19	18～15	14～11.5	10.5～8
120	27.5～24.5	23.5～20.5	19.5～16.5	15.5～12.5	11.5～9
130	29～26	25～22	21～18	17～14	13～10
140	30～27	26～23	22～19	18～15	14～11
150	31～28	27～24	23～20	19～16	15～12

资料来源：孟宪宇，《测树学》，2006：56。

（2）地位指数（site index）是依据既定树种优势木平均高与林分年龄的关系表示的林地质量或林分生产力高低的一种指标。地位指数实际上就是某树种林分在标准年龄（亦称基准年龄）时优势木所达到的平均树高值。依据林分优势木的平均高与林分年龄的相关关系，以标准年龄时林分优势木平均高值作为划分林地质量或林分生产力等级的数表，称为地位指数表。

采用地位指数指标进行林分地位质量比较时，实际上就是各林分在标准年龄时优势木平均高的比较，优势木平均高越高，其地位质量越好。

地位指数表通常应用于对同龄林或相对同龄林分评定地位质量，一般分地区、分树种编制。使用地位指数表时，先测定林分优势木的平均高和年龄，由地位指数表上即可查得林分林地的地位指数级。例如福建省某杉木实生林分，优势木平均高为 17m，优势木年龄为 14 年，由表 4-3 可以查得地位指数为"20"。地位指数"20"意味着该林分在标准年龄（20 年）时，优势木平均高可以达到 20m。

表 4-3　福建杉木地位指数表（标准年龄：20 年；级距：2m；指数木：6 株优势木）
Table 4-3　Fujian Cunninghamia lancedate site index table（standard Age：20 Grade distance：2m index tree：six dominant stem）

指数 树高 龄阶	8	10	12	14	16	18	20	22
4	0.9~1.7	1.7~2.4	2.4~3.2	3.2~4.0	4.0~4.7	4.7~5.5	5.5~6.2	6.2~7
6	2.4~3.4	3.4~4.5	4.5~5.6	5.6~6.7	6.7~7.8	7.8~8.8	8.8~9.9	9.9~11
8	3.4~4.7	4.7~6	6~7.3	7.3~8.6	8.6~9.9	9.9~11.2	11.2~12.5	12.5~13.8
10	4.3~5.8	5.8~7.3	7.3~8.7	8.7~10.2	10.2~11.7	11.7~13.1	13.1~14.6	14.6~16.1
12	5~6.6	6.6~8.3	8.3~9.9	9.9~11.5	11.5~13.1	13.1~14.7	14.7~16.3	16.3~17.9
14	5.6~7.4	7.4~9.1	9.1~10.8	10.8~12.6	12.6~14.3	14.3~16	16~17.7	17.7~19.5
16	6.1~7.9	7.9~9.8	9.8~11.6	11.6~13.4	13.4~15.3	15.3~17.1	17.1~18.9	18.9~20.8
18	6.5~8.5	8.5~10.4	10.4~12.3	12.3~14.2	14.2~16.1	16.1~18.1	18.1~20	20~21.8
20	7~9	9~11	11~13	13~15	15~17	17~19	19~21	21~23
22	7.4~9.4	9.4~11.5	11.5~13.6	13.6~15.7	15.7~17.8	17.8~19.8	19.8~21.9	21.9~24
24	7.7~9.9	9.9~12	12~14.1	14.1~16.3	16.3~18.4	18.4~20.6	20.6~22.7	22.7~24.8
26	8~10.2	10.2~12.4	12.4~14.6	14.6~16.8	16.8~19	19~21.2	21.2~23.4	23.4~25.6
28	8.2~10.5	10.5~12.7	12.7~15	15~17.3	17.3~19.5	19.5~21.8	21.8~24	24~26.3
30	8.5~10.8	10.8~13.1	13.1~15.4	15.4~17.7	17.7~20.1	20.1~22.4	22.4~24.7	24.7~27

资料来源：孟宪宇，《测树学》，2006：110。

（3）立地条件等级。由于通过地位级或地位指数都要利用林木的树高表示立地质量，因此只能用于表示有林地的立地质量。无林地、未成林造林地无法使用这两个指标。此外幼龄林由于树高生长还未稳定，异龄林林木年龄的差距很大，也无法使用这两项指标。无林地、未成林造林地和异龄林的立地质量需要通过划分立地条件等级作为立地质量的指标。

划分立地条件等级需要将森林立地分类与立地质量评价相结合，在森林立地分类系统下，综合各项立地因子编制立地条件表。我国的森林立地分类系统按照立地区域、立地区、立地亚区 3 级区划单位，将全国森林立地共划分 8 个立地区域、50 个立地区、166 个立地亚区。福建省

表4-4   武夷山戴云山山间立地亚区立地质量等级表

Table 4-4   The site-quality table of Wuyi and Daiyun Mountains site-subregion

级别	地 形	土 壤	植 被
肥沃级 I	中低山、丘陵坡中下部	中厚土层、中厚腐殖质层，壤土—轻黏土，松，潮湿	阔叶林、针阔混交林、杉木、毛竹群、荫性蕨类观音座莲、乌毛蕨、杜茎山、百两金、苦竹、五节芒、高芒萁群落、毛冬青、水团花、江南卷柏。盖度0.8~1.0
较肥沃级 II	中低山、丘陵坡中下部或丘陵坡全部	中厚土层、薄腐殖质层或中厚腐殖质层，壤土—轻黏土，较紧，湿润—潮湿	阔叶林、针阔混交林、杉木、毛竹林、软杂灌木群落蕨类、乌光蕨、狗脊、朱砂根、杜茎山、山龙爪、柃木、黄楠、山茶、苦竹、五节芒。盖度0.7~1.0
中等肥沃级 III	中低山、丘陵坡中上部或丘陵坡全部	中厚土层、薄—中厚腐殖质层，壤土—黏土，紧，润—干	软杂灌、针叶林、马尾松、芒萁群落、小刚竹、继木、黄瑞木、乌药、山矾、菝契、映山红、白茅、五节芒。盖度0.5~0.7
	中低山、丘陵坡中下部	薄土层，中厚腐殖质层，石砾质壤土，黏土，紧，润—湿润	
	河谷底阶地	中厚土层、少腐殖质层，沙质土，松散—较紧，干	
瘠薄级 IV	中低山、丘陵坡上部或丘陵坡全部	薄土层，薄—中厚腐殖质层，石砾质壤土	软杂灌、荒山灌丛坡、马尾松、继木、黄瑞木、野古草、菝契、白茅、芒铺地野牡丹、矮芒萁群落。盖度0.5以下
	中低山、丘陵坡地上下部或丘陵坡全部	薄土层，薄腐殖质层，石砾质壤土，黏土，紧—极紧，润—湿润	
	河谷低阶地	薄土层，少腐殖质，石砾质沙土，紧，干—润	

资料来源：福建省林业厅。

按照我国森林立地分类系统的区划，在立地亚区内，选用地形地势、土壤因子、地被物三大因子，将立地等级分为肥沃类型、较肥沃类型、一般类型、贫瘠类型四类，并编制了立地条件类型表（表4-4）用于评价林地的立地质量等级。

4.3.2 区位因素

区位因素是指森林资源资产所处地理位置对其价格的影响因素，区位因素中最主要的影响因素是交通运输条件。由于森林资源资产大部分地处山区，不同的地理位置、交通运输条件造成营林成本和木材等林产品的运输成本有很大的差异，从而影响森林资源资产的价格。国内学者（陈平留、刘健、孔令娇等）把交通运输条件称为林地的经济质量，本文认为，经济质量不仅包含了交通运输条件，更多地包含了当地的综合经济条件，因此用区位因素更为合适。

林学上用可及度来表示森林的交通运输条件，国家林业局《森林资源规划设计调查主要技术规定》中把森林可及度分为即可及、将可及和不可及三个等级：即可及指具备采、集、运条件的林分；将可及指近期将具备采、集、运条件的林分；不可及指因地形或经济原因暂时不具备采、集、运条件的林分（国家林业局，2003）。陈平留等认为，不可及林的资源由于近期内无法开发利用，无法体现出其经济价值，因此，不可及林的资源在近期内暂时还不能作为森林资产，而只能作为潜在性的资产。将可及林的资源由于其开发利用需要一定数量的道路修筑投资，该投资必须加到木材生产成本中，使木材生产的成本加大、生产的经济效益下降，其森林资产的价格也大大降低。即可及森林已具备了采集运输条件，其开发利用基本不需要道路的投资，木材生产的成本低、经济效益高，其资源性资产的价格也高（罗江滨、陈平留、陈新兴，2002）。

可及度从道路修筑投资费用方面考虑交通运输条件对森林经营及价格的影响。同样是即可及森林，集材距离和交通运输（公路运输）距离是影响营林和木材成本的主要因素。集材距离是指林木采伐后，运到公路边的距离，一般情况下，集材距离增加，集材的平均成本也会相应增加。运输距离是采伐地公路边运往交货地点的距离，一般木材的初级交货地点为火车站、码头或附近的木材加工厂，因此，运输距离主要指公路运输距离。我国南方集体林区把集材和运输距离不同造成的森林质量差异称为地利等级，《森林资源资产评估技术规范(试行)》也采用了地利等级的概念来表示森林采、集、运的成本差异。

除地利等级外，目前也有采用区位等级反映森林的区位因素差异。区位等级的概念来自城镇国有土地的评估，是按土地所在县(市)经济发展水平和交通运输条件进行分级，并确定各个等级的地域系数，以该系数来修正土地的价格。借鉴城镇土地评估的方法，广东省国有资产管理办公室和林业厅共同制订的《广东森林资源资产评估程序与方法》中用区位等级来代替地利等级，将林地按所在县(市)交通便利条件分为10等，每个等级确定地域系数(表4-5)，用地域系数作为区位因素影响林地基准地价的修正系数。

表4-5　广东省森林地域系数表

Tab. 4-5　Table of region coefficients in Guangdong

区位等级	1	2	3	4	5	6	7	8	9	10
地域系数	6.0	5.5	5.0	4.0	3.0	2.4	1.9	1.5	1.2	1.0

资料来源：罗江滨等《森林资源资产评估》，2002：100。

陈平留等认为，采用区位等级需要制订基准地价来配合，另外，在同一个县内，木材生产的运输距离的差距仍可达数十公里，因此，在县内仍须编制地利等级表(陈平留、刘健，2002)。

4.3.3　林分质量因素

林分质量因素包括林种、树种、林龄三个基本指标和平均树高、平均胸径、单位面积株数和单位面积蓄积、出材率等生长技术指标。林分质量反映的是林木生产状态的指标，直接影响林分的价格，它与林地的立地质量和地利等级两个生产条件指标构成影响森林资源资产价格三个主要因素。

用材林按生长年龄划分为幼龄林、中龄林、近熟林、成熟林和过熟林 5 个龄组，经济林划分为产前期、初产期、盛产期和衰退期四个生产期。对于用材林来说，在不考虑其他技术指标的情况下，越接近主伐期，林分的价格越高。表 4-6 是我国主要用材树种龄级与龄组划分。

表 4-6 主要树种龄级与龄组划分表

Table 4-6 Age class and age group division of dominant tree species

树种	地区	起源	龄 组 划 分（年）					龄级期限（年）
			幼龄林	中龄林	近熟林	成熟林	过熟林	
红松、云杉、柏木、紫杉、铁杉	北部	天然	≤60	6~100	101~120	121~160	>161	20
	北部	人工	≤40	41~60	61~80	81~120	>121	20
	南部	天然	≤40	41~60	61~80	81~120	>121	20
	南部	人工	≤20	21~40	41~60	61~80	>81	20
落叶松、冷杉、樟子松、赤松、黑松	北部	天然	≤40	41~80	81~100	101~140	>141	20
	北部	人工	≤20	21~30	31~40	41~60	>61	10
	南部	天然	≤40	41~60	61~80	81~120	>121	20
	南部	人工	≤20	21~30	31~40	41~60	>61	10
油松、马尾松、云南松、思茅松、华山松、高山松	北部	天然	≤30	31~50	51~60	61~80	>81	10
	北部	人工	≤20	21~30	31~40	41~60	>61	10
	南部	天然	≤20	21~30	31~40	41~60	>61	10
	南部	人工	≤10	11~20	21~30	31~50	>51	10

资料来源：《森林资源规划设计调查主要技术规定》，国家林业局，2003。

林分在不同的年龄阶段，其生长状况指标的重要性不同。

对于幼龄林和未成林造林地，林木的保存株数和平均树高对林木资产价格的影响最大，根据我国现行的造林验收标准，保存株数超过 85% 的达到造林验收标准。在 41%~84% 的要求进行补植，低于 40% 的要求重造。而树高或当年抽高则是评定生长好坏的主要指标。

对于中龄林以上林分，质量评定的因子有树高、胸径、株数和蓄积。单位面积蓄积量对未来林分采伐出材量的影响最大，也是影响林分价格最重要的因子；在同样蓄积量的条件下，胸径越大，树高越高，林分的价格越高。

对于近成熟林，除树高、胸径、株数和蓄积外，树种也是影响林分价格的重要因素。因树种不同，造成采伐后木材价格不同，对林分价格影响极大。以大径材为例，同样规格的木材，马尾松大约是一般阔叶材价格的2倍，杉木又是马尾松价格的2倍，而一些珍贵树种如楠木、红豆杉等则又是杉木的2~5倍。

林分出材率是影响近熟林、成熟林及过熟林价格的另一个重要技术指标。出材率主要由林木的直径、树高、干形和缺陷所决定。林分出材率高低一般以出材率等级表示，用材林近熟林、成熟林、过熟林林分出材率等级由林分出材量占林分蓄积量的百分比或林分中商品用材树的株数占林分总株数的百分比确定（表4-7）。

表4-7　用材林近熟林、成熟林、过熟林林分出材率等级表

Table 4-7　The grade of merchantable volume in the near, into, and over-mature forest stands

出材率等级	林分出材率			商品用材树比率		
	针叶林	针阔混	阔叶林	针叶林	针阔混	阔叶林
1	>70%	>60%	>50%	>90%	>80%	>70%
2	50%~69%	40%~59%	30%~49%	70%~89%	60%~79%	45%~69%
3	<50%	<40%	<30%	<70%	<60%	<45%

资料来源：《森林资源规划设计调查主要技术规定》，国家林业局，2003。

4.3.4　营林成本与林产品的市场价格因素

营林成本是指从整地造林到林分成熟期间发生的各项生产费用投入，具体项目包括清杂整地、挖穴造林、幼林抚育、除草劈杂、施肥、地租等直接营林生产成本以及护林防火，病虫防治，管理费用等分摊的间接成本。营林成本除了受经营管理水平影响外，也受林地立地条件的影响，一般情况下，采用相同的营林技术规格，立地条件差的林地营林成本会高于立地条件好地林地。营林成本的高低除取决于林地的立地条件、森林经营水平和技术标准外，更主要的取决于社会物价和工资水平。根据劳动价值理论和生产价格理论，林分价格基础是社会平均营林成本，随着社会物价水平和工资水平的增加，平均营林成本也会增加，相应的也会带来林分价格的提高。

木材与林产品是森林资源资产的最终产出，其价格直接影响林木和林地的资产价格，随着林产品的市场价格的提高，林木资产和林地资产的价格也会相应提高。在市场经济的条件下，林产品的市场价格是经常变化的，随着经济的波动，木材等林产品价格会出现巨幅波动，但从长期趋势看，木材的市场价格会随经济增长而提高，并高于经济增长幅度。需要注意的是由于技术进步和消费变化，对木材的需求结构也会发生变化，从而引起不同材种、不同规格木材价格的变化，如表4-8所示，由于木材旋切技术的提高和细木工板加工的发展使得4～10cm小径材的价格从2003年开始大幅度提高，至2006年，几近1987年的一倍。由于技术进步而产生的林产品价格结构的改善，会显著提高森林经营的收益水平，对森林资源资产的价格带来长期稳定的影响。

表4-8　福建南平1987～2006年各阶段不同径级杉木木材平均销售价格(元/m³)

Table 4-8　The different caliber Chinese fir average from

1987 to 2006 in Fujian Nanping area

年份	径级(cm)							
	4～6	8～10	12～14	16～18	20～22	24～26	28～30	32～34
1987～1992	330	440	570	710	820	1080	1450	1800
1993～1997	450	590	690	800	930	1180	1530	1850
1998～2002	380	440	520	620	780	1100	1480	1820
2003～2006	550	615	670	720	800	1120	1500	1850

资料来源：调查收集。

4.3.5　社会经济因素

影响森林资源资产价格的社会经济因素包括社会经济发展状况、财政金融状况、物价水平、利率水平以及国家的林业政策等因素。

社会经济发展状况对森林资产价值影响巨大，森林经营的长周期性决定了其更需要稳定的社会和良好的经济环境。一般来说，政治安定、社会稳定、人民安居乐业，对森林资源这类长期性资产的投资会增加，价格也会呈现上升趋势。经济的快速增长一方面会带来对林产品需求的增加，另一方面会改善道路、电力、通信等基础设施条件，这些因素会推升森林资源资产的价格；在经济发展速度放慢或停滞时，林产品需求下降及未来预期的下降使得森林资源资产的价格呈现徘徊或回落。

财政金融状况对森林资源资产的短期价格影响更为直接。财政金融状况良好时，财政支出和财政直接投资会增加，货币流动性和社会投资也会增长，这些因素会直接带动森林资源资产价格的提高。财政金融状况恶化会导致银根紧缩，货币流动性不足，社会投资锐减，从需求和投资两方面带动资产价格的下滑。

物价波动对森林资源资产价格的影响较为复杂。一般来说，物价上涨会带来成本的增加，通货膨胀严重时，人们为减少货币贬值带来的损失，往往转向增加资产投资，相应的带动资产价格的上升；但当物价上升过快时，政府往往会收缩银根，减少流动性，资产价格会首先受到打压。因此物价波动带来资产价格的波动，但波动的节奏并不完全一致。

利率水平对森林资源资产的价格影响也较为复杂。一方面，林木的生长周期长，占用资金时间长，高利率会显著增加营林成本，是提高资产价格的因素；另一方面高利率会减少资金向长期资产领域的投资，是抑制资产的价格因素。两个方面综合考虑，利率的提高短期会推高森林资源资产的价格，但由于从供给方面增加了投资成本，从需求方面抑制了投资需求，从长期来看会抑制森林资源资产的价格。

国家的林业政策对森林资源资产价格的影响是也是直接的。如国家实施的林业补助政策、林产品税收优惠政策等，有利于提高经营森林的效益，使森林资源资产的价格稳定提高；鼓励林地使用权流转等林权改革配套措施，会提高森林资源资产的流动性，也会提高森林资源资产的估值水平；此外，林地利用规划以及征占用林地的补偿政策等因素都会对森林资源资产价格产生一定的影响。

第5章
森林资源资产评估之市价法

在分析森林资源资产价格类型及价格影响因素的基础上，本文以《森林资源资产评估技术规范(试行)》为主要研究对象，分别从市价法、成本法和收益法三个方面进一步探讨森林资源资产流转价格的评估方法。本章首先探讨市价法评估森林资源资产的方法和技术要点。

5.1 森林资源资产评估市价法概述

市价法，又称市场比较法，是在评估森林资源资产的价格时，选择近期发生的与待评估森林资源资产相同或类似的同类资产交易实例作为参照物，通过评估对象与参照物的对照比较、差异调整计算出待评估森林资源资产价格的评估方法。

市价法遵循的原则是具有相同用途和功效的资产具有相同的市场价格。该法比较符合经济现实情况，其结果反映了近期市场的行情，因此具有较强的现实性，容易被资产业务各方接受，是资产评估中最直接、最简捷的评估方法。但是，市场比较法需要足够数量的比较案例，同时要求这些交易案例还必须与待评估森林资源资产具有较强的相关性，因此该方法在森林资源资产市场比较发达、有充足的交易案例的情况下适用，目前受现实条件所限在评估实务中很少应用。

5.1.1 林木资产评估的市价法

5.1.1.1 林木资产评估的市价法分类

国家国有资产管理局和林业部 1996 年发布的《森林资源资产评估技

术规范(试行)》第二十一条林木资产的评估方法中，把市价法划分为市场价格倒算法和现行市价法两种。我国学者研究论著中，也把市场价倒算法划归市价法的范围(亢新刚，2001；罗江滨、陈平留等，2002；魏远竹，2003)。本文认为，市价法是通过对比同类资产成交情况来估算待评估资产价格的方法，而林木资产评估的市场价倒算法则是根据木材市场价估算林木资产采伐后的收入来估算待评估资产价格的方法，严格说应属于收益法的范畴。因此只有现行市价法属于市价法。

5.1.1.2　现行市价法

现行市价法也称市场成交价比较法，是将相同或类似的林木资产的现行市场成交价格作为参照物，比较评估对象与参照物的差异，通过差异调整计算被评估森林资源资产价格的一种评估方法。依据《森林资源资产评估技术规范(试行)》，其计算公式为：

$$E = K \cdot K_b \cdot G \cdot M \tag{5-1}$$

式中：E——林木资产评估价；

$\quad\quad$ K——林分质量调整系数；

$\quad\quad$ K_b——物价调整系数；

$\quad\quad$ G——参照物单位蓄积的市场交易价；

$\quad\quad$ M——被评估林木资产的蓄积量。

从理论上讲，市场成交价比较法具有评估结果可信度高、说服力强、计算简便等优点，也是一般资产评估中使用最为广泛的方法，适用于各种类型林木资产的评估。但采用该法的基本条件是要求存在一个发育充分的森林资源资产市场，可以找到与待评估林木资产相同类型的交易实例作为林木资产评估的参照案例。

5.1.2　林地资产评估的市价法

目前阶段，我国林地资产评估市价法主要是现行市价法。近年来，随着城镇土地评估基准地价法的广泛运用和农用地评估基准地价法研究深入，林地评估的基准地价法开始进入研究者的视野。基准地价法虽不是直接以成交案例为参照物，但也是通过选择参照物进行差异调整的评估方法，因此本文把它归为市价法的范畴。

5.1.2.1　林地现行市价法

林地资产的现行市价法也称市场成交价比较法，与林木资产评估的现行市价法的原理类似，也是以具有相同或类似条件林地成交案例作为参照物，通过比较调整，估算被评估林地价格的方法。

依据《森林资源资产评估技术规范（试行）》，其计算公式为：

$$B_u = K \cdot K_b \cdot G \cdot S \tag{5-2}$$

式中：B_u——林地评估价；

　　　K——林地质量综合调整系数；

　　　K_b——物价指数调整系数；

　　　G——参照物单位面积的交易价格；

　　　S——被评估林地的面积。

有的学者把林分质量综合调整系数进一步分解为立地质量调整系数、地利等级调整系数和其他各因子的综合调整系数（罗江滨、陈平留等，2002），林地资产现行市价法的计算公式为：

$$B_u = K_1 \cdot K_2 \cdot K_3 \cdot K_4 \cdot G \cdot S \tag{5-3}$$

式中：B_u——林地评估价；

　　　G——参照案例的单位面积林地交易价格；

　　　S——被评估林地面积；

　　　K_1——立地质量调整系数；

　　　K_2——地利等级调整系数；

　　　K_3——物价指数调整系数；

　　　K_4——其他各因子的综合调整系数。

现行市价法是林地资产重要的评估方法，适用于各类林地资产的评估。但应用此法必须具备以下条件：①具有较为活跃的林地使用权资产交易市场，能够选取一样数量与被评估林地条件类似的林地资产交易案例作为评估的参照物；②能够了解到参照物的主要价值影响因子的参数，与待评估资产进行差异因素分析与调整。

由于现实中几乎没有与被评估资产完全相同的交易案例作参照物，

因此需要根据被评估资产与参照物的差异分析，通过一定的调整系数进行调整计算。通过对比林木资产与林地资产的市价法计算公式中的调整因子，可以发现，林木资产评估主要调整林分质量因素的影响，林地资产评估则需要调整林地的立地质量因素和地利等级因素。同时，由于作为参照物的交易案例的交易日期与待评估林地资产的评估基准日之间往往是不一致的，因此还要考虑运用物价指数调整系数 K_b 对评估结果进行调整。

5.1.2.2　林地基准价修正法

基准地价修正法最先应用于城镇土地评估，是利用当地政府制定的基准地价作为参考，将被评估宗地的区域条件和个别条件与所在区域的平均条件相比较进行修正，从而求得待估宗地评估价的一种评估方法。基准地价法中应用的基准地价是当地政府按照城市土地级别或均值地域分别评估的商业、住宅、工业等各类用地和综合土地级别的土地使用权的平均价格。

借鉴城镇土地评估的基准地价法，农业部门的学者较早地探讨农用地基准价格的建立和农用地基准地价评估方法。林业部门对林地基准价格的研究起步较晚，近年来也开始有了这方面的研究，其中南京林业大学李萍(2000)的硕士论文《林地基准价格研究》中探讨了建立林地基准价格框架和步骤，并选取江西省永新国营林场作为典型样点，对该地区的林地基准价格进行实际测算，编制了林地基准价格表，说明了所建框架与模型的可操作性；福建农林大学杨志格(2008)在其硕士论文《林地基准地价评估的研究》中，探讨了林地定级的方法和指标体系，在研究林地定级的基础上，提出采用林地期望价测算各个级别林地的基准地价，并以福建省永安市为研究对象，探讨了林地基准地价表和林地基准地价修正系数的编制技术。

林地基准价格指一定自然经济区域内，某一等级林地的平均价格。应用林地基准价格法评估林地的公式为：

$$B_u = K \cdot K_b \cdot G \cdot S \tag{5-4}$$

式中：B_u——林地评估价；

K——林地质量综合调整系数；

K_b——物价指数调整系数；

G——评估林地对应等级林地的基准价格（元/hm^2）；

S——被评估林地的面积。

林地基准价修正法适用于政府已公布林地基准价的区域的林地资产评估。与市场成交价比较法相比，市场成交价比较法是选择交易实例作为参照物，通过比较待评估林地与参照物的差异因素，采用各种调整系数进行差异调整；而林地基准价调整法是待评估林地与区域内同等级的平均条件相比较，按规定的修正系数进行差异调整，操作相对简单。林地基准价修正法可以视为简化的价格比较法，因林地基准价的编制及应用有一定的时间周期，不能准确反映市场价格的变化因素，因此，一般不作为主要的评估方法，而作为辅助方法以及特定情况下如进行大面积和多数量的林地资产评估时的评估方法。

林地基准价格的建立不是本文的主要研究内容，不作深入的探讨。但笔者认为，在林地资产交易较多的地区，可以由政府行业部门组织进行林地定级和制定林地基准价格。除了用于林地基准价格修正法进行林地资产评估，服务林地产权交易外，林地基准价格还可以为林地的抵押保险和经济核算等林地业务提供一定的依据，也可为政府监管林地产权交易是否规范运行提供参考。

5.2 森林资源资产市价法评估参照物的选择和差异调整

市价法评估森林资源资产的关键是评估参照案例的选择和差异因素的分析与调整。下面探讨参照物选择的原则，并以人工用材林为研究对象探讨森林资源资产的差异因素、调整系数的确定方法及差异调整。

5.2.1 参照物选择的原则

参照物选择的原则一是与待评估森林资源资产具有较强的相关性，

即选择与评估对象相同或类似的成交案例作为参照物。这里所谓相同或
类似是要求参照物与评估对象所处地区、立地质量、树种、林龄、林分
质量以及交易日期等尽可能相同或相近。森林资源资产具有明显的区域
性特征，不同区域的森林资源资产立地条件差异很大，《中国森林立地
分类》和《中国森林立地》对我国森林资源立地类型按照立地区域、立地
区、立地亚区的序列进行立地分类，将全国区划成 160 余个立地亚区，
如福建省闽西北林区处于南方亚热带立地区域、武夷山山地立地区，这
个立地区包括了武夷山北部立地亚区、武夷山西坡立地亚区、武夷山东
坡立地亚区、武夷山戴云山山间立地亚区、戴云山立地亚区 5 个立地亚
区。为使评估对象与参照物具有可比性，本文认为，应选择与待评估森
林资源资产处于同一地区(市)、同一立地亚区的成交案例作为参照物。
林木资产由于其数量及质量评价更为复杂，最好选择树种和林龄相同的
案例作为参照物。

参照物选择的原则二是要求选定一定数量的交易案例作为评估参照
物，以保证评估的客观性。《森林资源资产评估技术规范(试行)》没有
规定具体的数量，国内研究认为一般应选取 3 个以上的案例作为参照物
(罗江滨、陈平留等，2002；魏远竹，2003)。在不动产市场比较发达
的国家(如德国)，一般要求至少选择 10 个可比较的交易案例(刘治钦，
2004)。在我国森林资源资产产权交易不是很发达的情况下，通过分析
比较，确定 3 个相关性较强的交易案例作为参照物，可以满足进行综合
确定的要求。

参照物选择的原则三是合法可靠的资料来源。要求交易案例是真实
存在，无特殊关系交易(关联交易)和价格操纵；交易资料是通过合法
途径获得的，交易资料中关于资产的技术经济指标能满足评估的需要。

5.2.2 差异因素分析

森林资源资产市价法评估中，由于森林资源资产的复杂性，使得评
估对象与选取的参照物不可能完全相同，它们之间存在各种差异，这些
差异会造成它们之间价格的不同，因此，要通过差异因子分析，采用一

定的方法把参照物的价格调整为评估对象的价格。

根据前面对森林资源资产价格的影响因素分析,在采用市价法评估人工用材林时,选择与评估对象处于同一地区(市)、相同立地亚区,且树种和林龄相同的成交案例作为参照物的情况下,待评估森林资源资产与参照物的差异因素有:

(1)林分质量差异因素。林分质量因素差异是指评估对象与参照物在林分生长状态方面存在的差异。对用材林来讲,在林种、树种、林龄三个基本指标相同的情况下,林分的单位面积蓄积量、单位面积株数、平均胸径、平均高等生长技术指标的差异是影响林分价格的主要因素。

用材林分为幼龄林、中龄林、近熟林、成熟林和过熟林5个龄组,不同龄组林分的质量评价指标也不尽相同。对于幼龄林及未成林造林地,主要以林木的保存株数和平均树高来评价林分质量差异。对于中龄林以上林分,主要以蓄积量、树高、胸径、来评价林分质量差异,其中蓄积量对未来林分采伐出材量的影响最大,是林分生产量指标;树高、胸径一方面决定了林分蓄积量,另一方面决定了未来林分采伐后的出材率和材种结构,因而也是林分产出结构指标。处于不同年龄阶段的林分要根据其林分质量差异因素采用不同的指标来进行差异调整。

(2)立地质量差异因素。立地质量是林分生长的环境条件,也是影响林分质量的主要因素。在同一个立地亚区,林分生长的气象环境条件基本相同,因而影响林分生长的立地质量因子主要是林地的坡度、坡向、坡位、腐殖质层厚度和土层厚度等,即狭义的立地质量。

有林地的立地质量可以用地位级和立地指数来表示其质量等级,通过比较评估对象和参照物的地位级或地位指数来进行立地质量差异调整。

无林地和未成林造林地因无法测定其地位级和立地指数,可以综合林地的坡位、坡向、海拔、土层厚度以及腐殖质层厚度等立地因子综合确定立地质量等级,如福建省选用地形地势、土壤、地被物三大因子,把立地质量分为Ⅰ肥沃类型、Ⅱ较肥沃类型、Ⅲ中等肥沃类型、Ⅳ瘠薄类型四个立地条件类型。陈平留、刘健(2002)认为由于土壤、地形因子的配置多种多样，四个类型等级很难包罗，因此不可避免地带有一定的人为主观因素。鉴于以上情况，在我国森林立地分类框架下，以立地亚区为基本单元，进一步研究立地亚内的立地质量等级评价是完善林地评价系统的一项重要的基础工作。

（3）地利等级差异因素。地利等级即区位差异，主要是由于林分地理位置不同造成的采运成本差异。地利等级是影响林地和林分价格的主要因素之一，地利等级差异可通过比较评估对象和参照物的集材和运材距离和成本来进行差异调整。

（4）其他差异因素。评估对象和参照物价格的其他差异因素主要是交易时间差异和林地使用权剩余年限差异。

由于不同交易时间点物价变化而产生的交易时间差异可以通过比较评估对象和参照物各自时间点的物价指数来进行差异调整。

由于林地使用权剩余年限不同而造成的差异可以通过比较评估对象和参照物在剩余年限正常经营的收益来进行差异调整。

5.2.3　林分质量调整系数

用材林林分质量主要由林分的平均树高、平均胸径、单位面积株数和单位面积蓄积等生长状况指标构成。幼龄林与中龄林以上林分由于表示生长状况的指标不同，调整系数确定的方法也不相同。

5.2.3.1　幼龄林和未成林造林地林分质量调整系数

对于幼龄林和未成林造林地，林分的保存株数是反映造林成果的主要指标，而树高或当年抽高则是评定幼林生长好坏的主要指标，因此，《森林资源资产评估技术规范（试行）》规定以株数保存率与平均树高两项指标来确定幼龄林和未成林的造林地林分生长状况调整系数。

（1）株数保存率差异调整系数。根据我国现行的造林验收标准，保存株数（r）超过85%的达到造林验收标准。在41%～84%的要求进行补植，低于40%的要求重造，因此，《森林资源资产评估技术规范（试行）》中，株数保存率差异调整系数（k_1）为：

当 $r > 85\%$ 时　　　　$k_1 = 1$

当 $r \leqslant 85\%$ 时 $\qquad k_1 = r$

本文认为，直接以株数保存率作为差异调整系数对于成本法评估是适宜的，因为成本法是将评估对象与标准或当地的平均水平进行对比。对于市价法，应将评估对象的株数保存率与参照物的株数保存率进行对比。因此株数保存率差异调整系数 k_1 的计算公式应为：

$$k_1 = \frac{\text{待评估林分株数保存率}}{\text{参照林分株数保存率}} \qquad (5\text{-}5)$$

（2）树高差异调整系数。幼龄林的树高差异调整系数通过比较评估对象与参照物的林分平均数高来确定，公式表示为：

$$k_2 = \frac{\text{待评估林分平均树高}}{\text{参照林分平均树高}} \qquad (5\text{-}6)$$

（3）林分质量调整系数。幼龄林的林分质量调整系数（K_f）为株数保存率差异调整系数（k_1）与树高差异调整系数（k_2）的乘积，公式表示为：

$$K_f = k_1 \cdot k_2 \qquad (5\text{-}7)$$

5.2.3.2 中龄林以上林分质量调整系数

中龄林以上林分质量的评价指标有林分蓄积量、平均胸径和树高。林分蓄积量对未来林分采伐出材量的影响最大，因此，单位面积蓄积是中龄林以上林分生长状况差异调整的主要因子。在同样蓄积量的条件下，林木的平均胸径和株高不同，将来采伐后木材销售收入也不同，因此平均胸径和树高也与林分的价格有密切关系，相对比较，平均胸径的测定较平均树高容易，精度也较高，因此，把林分蓄积量和平均胸径两个因子作为中龄林以上林分质量调整系数确定的因子，而树高不作为确定调整系数的因子（罗江滨、陈平留等，2002）。《森林资源资产评估技术规范（试行）》也规定以林分蓄积量差异调整系数和平均胸径差异调整系数两项指标来确定中龄林以上林分质量调整系数。

（1）林分蓄积量差异调整系数。林分蓄积量差异一般采用评估对象与参照物单位面积蓄积量之比作为调整系数，计算公式表示为：

$$k_1 = \frac{\text{待评估林分单位面积蓄积}}{\text{参照林分单位面积蓄积}} \qquad (5\text{-}8)$$

（2）平均胸径差异调整系数。关于平均胸径调整系数的计算，《森林资源资产评估技术规范（试行）》在附件 2 第一部分"林分质量调整系数 k 的确定"中，采取了平均胸径比值法确定调整系数，即：

$$k_2 = \frac{待评估林分平均胸径}{参照林分平均胸径} \qquad (5-9)$$

由于林分的平均胸径与木材出材率并不是简单的直线比例关系，不同的胸径林木生产出的不同规格木材价格的价格也有差别，用平均胸径的比值作为调整系数从理论上和计算准确度方面都有较大缺陷，因此胸径的差异调整系数计算"必须通过大量的实测资料测定不同树高和胸径的立木价格的影响来求出其参数值后，才能准确地对其进行修正"（罗江滨，陈平留等，2002），即：

$$k_2 = \iint \left(\frac{待评估林分平均胸径}{参照林分平均胸径} \right)$$

（3）林分质量调整系数。中龄林以上的林分质量调整系数（K_f）为林分蓄积量差异差异调整系数（k_1）与平均胸径差异调整系数（k_2）的乘积，公式表示为：

$$K_f = k_1 \cdot k_2 \qquad (5-10)$$

5.2.3.3　关于中龄林以上林分质量差异调整的探讨

本文认为，单位面积蓄积是中龄林以上林分质量差异调整的数量因子。同样蓄积量的条件下，林分的木材出材率不同，使得采伐后木材的出材量和生产的木材规格不同，而不同规格木材的销售价格又有较大差异，造成同样蓄积量的林分采伐后木材销售收入的差异，因此出材率是林分质量差异调整的质量因子。林分的平均胸径、树高等指标既决定林分的蓄积量，又影响林分的出材率，属于基本指标。因此，中龄林以上林分质量差异调整系数应由林分蓄积量和林分出材率两个差异调整因子构成，平均胸径和平均树高是决定林分蓄积量和林分出材率的基本指标。

林分蓄积量差异调整系数（k_1）按照《森林资源资产评估技术规范（试行）》的计算公式测算，不再展开，本文重点探讨林分出材率差异调整系数的计算。

林分出材率是林分采伐造材后各材种材积与林分蓄积的比值，林学上称为林分材种出材率。林分出材率可以通过林业部门编制的各树种的林分材种出材率表查出。林分材种出材率表是按林分的平均胸径与平均树高,编制的各材种的出材率的数表。编制材种出材率表的方法归纳起来有两类:一类是利用树干商品材积与总材积的比例关系(简称材积比);另一类是利用树干削度。这两种方法早期都是借助图解法,现在则多采用数学模型,通过建立材种出材率模型(包括材积比方程和树干削度方程)来编制,在计算机广泛应用的背景下,采用计算机辅助统计软件可以快速的编制林分的材种出材率表(孟宪宇等,2006)。材种出材率表是测算林分出材率的一种极为重要的测树数表,许多林区都编制有本地主要树种的林分材种出材率表。利用林分材种出材率表可以较方便地计算出林分出材率差异调整系数。下面以南方某林场的杉木人工林为例探讨其林分出材率调整系数的计算程序和方法:

(1)根据待评估林分和参照物林分的平均胸径和平均树高,在林分出材率表中分别查出待评估林分和参照物林分的材种出材率。

评估对象林分平均胸径和平均树高为 22cm 和 16m,参照物林分的平均胸径和平均树高为 26cm 和 19m,查当地杉木人工林的林分出材率表(表5-1),得出评估对象和参照物各材种的出材率。

评估对象:经济材出材率76.05%,其中规格材出材率39.73%,非规格材出材率36.32%。

参照物:经济材出材率77.58%,其中规格材出材率48.15%,非规格材出材率29.43%。

(2)依据各材种出材率与相对应的材种价格,分别计算待评估林分和参照物林分单位蓄积量(m^3)林木采伐后的木材销售收入。

据调查,该林场2006年杉木规格材的平均销售价格为704 元$/m^3$,非规格材的平均销售价格为670 元$/m^3$。

待评估林分单位蓄积量林木采伐后的木材销售收入为:

$$(39.73\% \times 704) + (36.32\% \times 670) = 523.04 元$$

参照物林分单位蓄积量林木采伐后的木材销售收入为:

$$(48.15\% \times 704) + (29.43\% \times 670) = 536.16 元$$

（3）计算林分出材率差异调整系数（k_2）。以待评估林分单位蓄积量林木采伐后的木材销售收入与参照物林分单位蓄积量林木采伐后的木材销售收入的比值作为林分出材率差异调整系数。

$$k_2 = 523.05 \div 536.16 = 0.9755$$

以上案例中，以林分出材率作为差异调整系数与直接以平均胸径作为差异调整系数（$22 \div 26 = 0.8462$）相比较，两者相差 13.25%。

表 5　福建省××县杉木经验出材率表

Table 5-1　The empirical timber – produced rate of cunninghamia lanceolata in Fujian × × county

平均胸径 （cm）	平均树高 （m）	规格材出材率 （%）	非规格材出材率 （%）	经济材出材率 （%）
…	…	…	…	…
18	13	26.50	47.34	73.84
18	14	29.26	44.78	74.04
18	15	31.58	42.67	74.25
20	14	32.67	42.30	74.97
20	15	34.97	40.15	75.12
20	16	36.93	38.35	75.28
22	15	37.85	38.10	75.95
22	16	39.73	36.32	76.05
22	17	41.35	34.81	76.16
24	16	42.16	34.63	76.79
24	17	43.71	33.15	76.86
24	18	45.04	31.88	76.92
26	17	45.77	31.75	77.52
26	18	47.04	30.51	77.55
26	19	48.15	29.43	77.58
28	18	48.80	29.33	78.13
28	19	49.87	28.28	78.15
28	20	50.82	27.35	78.17
…	…	…	…	…

资料来源：周少平．顺昌杉木林分经验出材率表编制的研究．华东森林经理．2006（4）：26。

以林分出材率作为中龄林以上的林分质量调整系数确定的第二个引子，考虑了在一定蓄积量的条件下，影响林分价格的材种出材率因素及不同规格材种销售价格的差异，相比把平均胸径和树高直接作为林分生长状况差异调整因子，在理论上更具合理性，操作也并不复杂。该方法应用时应注意根据林分出材率表的材种规格调查各材种的平均销售价格，有时需要进行调整测算才能使两者匹配。

此外，由于木材利用方式的转变和加工技术的进步，提高了小径材的利用率，使得小径材的价格近年有了很大的提高，不同规格木材的价格差距呈现逐步减小的态势（表4-8）。如果这种趋势继续发展，在不同规格木材的价格差异不大的情况下，可以直接用评估对象与参照物林分的经济材出材率之比来简便计算林分出材率差异调整系数。

（4）林分质量调整系数。确定了林分蓄积量差异差异调整系数（k_1）与林分出材率差异调整系数（k_2）后，即可计算出林分质量调整系数（K_f）：

$$K_f = k_1 \cdot k_2 \tag{5-11}$$

5.2.4　立地质量调整系数

立地质量是对影响森林生产能力的所有生境因子（包括气候、土壤和生物）综合评价的一种量化指标。市价法评估选择参照物要求与评估对象位于同一立地亚区，在同一个立地亚区，降雨量、温度等气候条件基本相同，立地质量主要由林地的坡度、坡向、坡位、腐殖质层厚度和土层厚度等立地因子决定。

评定立地质量的方法很多，一般采用通过林分年龄与树高关系测算的地位指数或地位级来表示立地质量的等级。其中地位级是依据既定树种的林分条件平均高与林分年龄的关系表示林分质量或林地生产力相对高低的一种指标；地位指数是依据既定树种优势木平均高与林分年龄关系表示林分质量或林地生产力高低的一种指标。除了地位指数和地位级，也可以综合立地引子来划分立地质量等级。

立地质量等级是表示林地生产能力和林分质量的指标，而这些指标不论是立地类型、地位级、地位指数，对林木、林地资产价格的影响都不是直接的，直接将其作为调整系数会影响评估的准确性。因此在评估中，一般采用立地质量等级对应的标准林分到主伐时的蓄积量比值或采用打分法调整林地和林木资产的立地质量等级差异（陈平留、刘健，2002）。

5.2.4.1　不同立地质量等级的蓄积量比值作为调整系数

《森林资源资产评估技术规范（试行）》中，用待评估林地或森林对应的立地质量等级的标准林分到主伐时的单位面积蓄积量与参照物林地或森林对应的立地质量等级的标准林分到主伐时的单位面积蓄积量的比值作为立地质量等级的调整系数。用公式表示为：

$$K_S = \frac{待评估林地立地质量等级的标准林分在主伐时的蓄积}{参照林地立地质量等级的标准林分在主伐时的蓄积}$$

$$(5\text{-}12)$$

上式中，不同立地质量等级的标准林分在主伐时的蓄积量就是在采取正常经营措施的情况下不同立地质量等级林地的生产能力，相当于林分收获量的概念，它可以通过林分生长与收获预估模型来计算。

林分生长与收获预估模型就是把影响林分生长量的主要因子（林分年龄、立地质量、林分密度等）采用生物统计学方法所构造的林分生长和收获量的数学模型。一般表达式为：

$$Y = f(A,\ SI,\ SD)$$

式中：Y——单位面积林分的生长量或收获量；

　　　A——林分年龄；

　　　SI——地位指数或其他立地质量指标；

　　　SD——林分密度指标。

林分生长与收获预估模型按照模型的模拟情况分为以下三类：

（1）全林分模型——以林龄、立地及林分密度等林分因子模拟林分生长、收获的模型。全林分模型可分二类：固定密度的模型和可变密度的模型，两者的区别在于是否将林分密度（SD）作为自变量。固定密度的模型是针对某一特定密度条件下的预估模型或收获表，是其他收获预测方法的基础，依据模型所描述的林分密度情况——林分具有最大密度或者是平均密度，这类模型又可分为两类：正常收获模型（即正常收获表）及经验收获模型（即经验收获表）。

（2）径级模型——以直径分布为基础而建立的林分生长与收获模型，它是利用径阶分布模型提供林分总株数按径阶分布的信息，结合林分因子生长模型预估林分总量的一种方法。

（3）单木模型——模拟单木或林分内单株木生长过程的模型。根据林木间的相对位置又可分为与距离无关的单木生长模型和与距离有关的单木生长模型。

以上3种模型在实际应用中各有其优缺点，森林经营单位可根据经营技术水平、经营目的及经营对象的实际情况，选用适合的生长收获模型。其中全林分模型可以直接提供单位面积的收获量，是应用最广泛的模型，我国主要林区都建立过正常收获表或经验收获表这类林分生长与收获预估模型，因此可以通过林分收获表来获取不同立地质量林分的收获量。

正常收获表也称为林分生长过程表，提供了在合理经营的上限密度下林分所能达到的生长量和收获量。利用正常收获表，在已知林分的地位级（或地位指数）时，可获得在该立地条件下林分所能达到的收获量上限的估计值。经验收获表，亦称作现实收获表，采用林分平均密度，从而避免了确定正常立木度（最大密度）的麻烦，经验收获表的值比正常收获表更接近实际收获值，通过经验收获表，则可以获得该立地条件下现实林分平均可达到的生长量和收获量（孟宪宇，2006）。

森林资源资产市价法评估中，可以利用林业部门编制的林分收获表（正常收获表或经验收获表），求得评估对象和参照物相对应的不同立地质量（地位指数或地位级）林分在主伐时的收获量，就可以计算出立地质量调整系数。

5.2.4.2　评分法

对于无林地、宜林荒地和未成林造林地，由于无法获得的地位指数或地位级这类通过林分树高来反映立地质量的指标，可以按立地类型及各项立地因子对林分生产能力的影响，编制立地质量的分表，通过计算待评估林地和参照物的立地质量分值，计算出立地质量调整系数。公式为：

$$K_S = \frac{评估对象的立地质量评分}{参照物的立地质量评分} \qquad (5\text{-}13)$$

表5-2为某评估机构编制的福建某地区立地质量得分表。

表5-2   立地质量得分表

Table 5-2   The Score of Site Quality

立地因子		指标及分值			
立地类型	种类	Ⅰ类	Ⅱ类	Ⅲ类	Ⅳ类
	得分	20	16	12	6
坡位	种类	下部	中部	全坡	上坡
	得分	20	12	12	5
坡向	种类	北，东北	其他	南西南	
	得分	10	7	5	
腐殖质层厚	种类	20cm 以上	10～20cm	10cm 以下	
	得分	10	7	4	
土层厚	种类	1m 以上	0.4～1.0m	0.4m 以下	
	得分	10	6	2	
植被种类	种类	五节芒，蕨类	杂芒，杂竹	芒萁	白茅
	得分	15	10	6	2
海拔高	种类	400m 以下	400～800m	800m 以上	
	得分	15	10	3	

资料来源：陈平留，刘健.《森林资源资产评估运作技巧》，2002：175。

5.2.5   地利等级调整系数

地利等级是森林采伐、集材、运材等生产条件不同而造成的森林获利能力的差异。森林资源资产由于所处位置不同，林木采伐以及木材集材和运材成本也不相同，其中木材集材距离和运材距离是集运成本的主要影响因素。

集材距离是指林木采伐后，运到公路边木材堆头的距离。运输的距离是指路边的堆头运往交货地点的距离，由于铁路运输和水运的成本大大低于汽车的成本，所以交货地点一般是指附近的火车站、码头或用木材为原料的工厂，因此，运输距离习惯上是指汽车运输的距离（罗江滨、陈平留等，2002）。

由于地利等级差异主要由森林的集材距离和运输距离所造成的集材，运材成本的差异所决定，因此地利等级差异调整就是对评估对象和参照物的木材集运距离对木材集运成本的影响进行差异调整。

地利等级差异调整系数可采用不同地利等级标准林分主伐时立木价比值法、集材与运材距离系数法和评分法等方法计算。

5.2.5.1　不同地利等级标准林分主伐时立木价比值法

关于地利等级调整系数的计算，《森林资源资产评估技术规范（试行）》中提出采用"按现实林分与参照林分在采伐时立木价（用倒算法估算）的比值来计算"（国家国有资产管理局、林业部，1996）。公式为：

$$K_d = \frac{现实林分主伐时的立木价}{参照林分主伐时的立木价} \tag{5-14}$$

由于林分主伐时的立木价不仅包含了地利等级因素，也包含了林分生长状况因子，因此采用此方法应是通过市场价倒算法测算不同地利等级的标准林分在主伐时的立木价格，把待评估林分对应地利等级的标准林分在主伐时的立木价与参照林分地利等级主伐时的立木价比值作为地利等级的调整系数。其计算公式应表示为：

$$K_d = \frac{待评估林分对应地利等级的标准林分在主伐时的立木价}{参照林分对应地利等级的标准林分在主伐时的立木价}$$

$$\tag{5-15}$$

此法需要采用市场价倒算法的评估方法，分别模拟测算评估对象地利等级和参照物地利等级的标准林分主伐时的林木资产价格，计算过程较为繁琐。

5.2.5.2　集材与运材距离系数法

本文认为，采用立木价比值法确定地利等级调整系数计算较为复杂，而且林分主伐时的立木价不仅包含了地利等级因素，也包含了林分生长状况因子，因此，可采用集材与运材距离系数法计算地利等级差异调整系数。其计算方法为：

（1）根据评估对象所在地区木材生产和运输的成本统计分析资料或成本定额，测算出不同的集材距离和运输距离对生产成本的影响，分别拟合出集材费用 y_j 与集材距离 x_j 的方程 $y_j = f(x_j)$ 以及运材费用 y_y 与运材距离 x_y 的相关方程 $y_y = f(x_y)$。

（2）测算出评估对象和参照物的平均集材和运材距离，根据集材费用方程 $y_j = f(x_j)$ 以及运材费用方程 $y_y = f(x_y)$，计算评估对象和参照物的单位木材(m^3)集材和运材费用。

（3）计算集材距离修正系数 k_j 和运材距离修正系数 k_y。

集材距离修正系数 k_j 的计算公式为：

$$k_j = \frac{待评估林分单位集材费用}{参照物的单位集材费用} \qquad (5\text{-}16)$$

运材距离修正系数 k_y 的计算公式为：

$$k_y = \frac{待评估林分的单位运材费用}{参照物的单位运材费用} \qquad (5\text{-}17)$$

（4）确定了集材距离修正系数(k_j)和运材距离修正系数(k_y)后，即可计算出地利等级调整系数(K_d)：

$$K_d = k_j \cdot k_y \qquad (5\text{-}18)$$

（5）也可在测算出单位集材和运材费用后，直接计算地利等级调整系数，其计算公式为：

$$K_d = \frac{待评估资产单位集材费用}{参照物单位集材费用} \times \frac{待评估资产单位运材费用}{参照物单位运材费用}$$

$$(5\text{-}19)$$

5.2.5.3   评分法确定调整系数

根据木材集运成本标准编制按干线道路的距离及支线道路距离加减分的标准评分表，按照待评估森林资源资产与参照物的得分比值计算（亢新刚，2001）。

$$K_d = \frac{待评估资产的集运距评分}{参照物的集运距评分} \qquad (5\text{-}20)$$

5.2.6　其他差异调整系数

5.2.6.1　交易时间调整系数

交易时间物价变动调整是将参照物成交时的价格调整到评估时点的价格。物价变化调整方法一般采用评估时点的价格指数与参照物交易时点的价格指数比值，或参照物交易时点到评估时点的价格变动率进行调整。

采用价格指数计算调整系数的公式为：

$$K_b = \frac{评估时点的价格指数}{参照物交易时的价格指数} \tag{5-21}$$

如采用参照物交易时点到评估时点价格变动率，其调整系数为：

$$K_b = 1 \pm 价格变动率 \tag{5-22}$$

可以选用的价格指数或变动率包括：①一般物价指数或变动率；②林地价格指数或变动率；③森林价格指数或变动率；④木材价格指数或变动率；⑤营林人工费指数或变动率。

对于森林资源资产，最好选择林地或森林价格指数或变动率来计算调整系数。由于目前我国还没有建立森林和林地价格指数体系，可以选择当地主要木材价格的变动率或木材价格指数来进行调整。对于中幼龄林，由于主要受成本因素影响，可以对比评估基准日与参照物交易时的工价定额或变动率来确定物价变化的调整系数。

5.2.6.2　剩余使用年限调整系数

对于林地和森林资产，其剩余使用年限也是影响价格的因素之一。如果被评估林地与参照物林地的林地使用权剩余年限不同，就需要计算剩余使用年限修正系数。参照土地使用权剩余年限修正系数的计算公式（朱萍等，2008），森林和林地使用权剩余年限调整系数计算公式为：

$$K_n = \left[1 - \frac{1}{(1+r)^m} \right] \div \left[1 - \frac{1}{(1+r)^n} \right] \tag{5-23}$$

式中：m——被评估林地使用权剩余年限；

n——参照物林地使用权剩余年限；

r——折现率。

5.2.7　综合调整系数 K 的确定

综合调整系数 K 由各分项调整系数 K_i 的值综合确定。其通式为：

$$K = K_1 \cdot K_2 \cdot K_3 \cdot K_4 \cdots\cdots \cdot K_n$$

森林资源资产中，具体到林木资产、林地资产及森林资产，因为差异因子并不完全相同，所以综合调整系数的确定也不完全相同。

《森林资源资产评估技术规范(试行)》中，在林木资产评估的现行市价法的公式中，把林分生长状况和地利等级综合为林分质量综合调整系数 K，则林木资产的调整系数为林分质量综合调整系数 K 和物价变动调整系数 K_b 的乘积；在林地资产评估的现行市价法中，把立地质量和地利等级综合为林地质量调整系数 K，则林地资产的调整主要为林地质量调整系数 K 和物价变动调整系数 K_b。

本文按照林木资产、林地资产及森林资产三种类型来确定综合调整系数：

(1)林木资产的综合调整系数。林木资产的差异调整包括林分生长状况调整、地利等级调整和交易时间调整，其综合调整系数 K 的计算公式为：

$$K = K_f \cdot K_d \cdot K_b \tag{5-24}$$

式中：K_f——林分质量调整系数；

$\quad\quad K_d$——地利等级调整系数；

$\quad\quad K_b$——交易时间调整系数。

(2)林地资产的差异调整。林地资产的差异调整包括林地生产能力即立地质量的调整、地利等级调整、交易时间调整及其他因素调整，其综合调整系数 K 的计算公式为：

$$K = K_s \cdot K_d \cdot K_b \cdot K_n \tag{5-25}$$

式中：K_s——立地质量调整系数；

$\quad\quad K_d$——地利等级调整系数；

$\quad\quad K_b$——交易时间调整系数；

$\quad\quad K_n$——林地使用权剩余年限调整系数。

（3）森林资产的差异调整。作为林木和林地资产一体化的森林资产，其差异调整不仅要考虑林地的生产能力——立地条件的不同，还要考虑在一定的立地条件下林分生长状况的差异，因此森林资产的差异调整包括林分生长状况调整、立地质量调整、地利等级调整三项森林质量因素的调整以及交易时间、林地使用权剩余年限等其他因素的调整。其综合调整系数 K 的计算公式为：

$$K = K_f \cdot K_s \cdot K_d \cdot K_b \cdot K_n \qquad (5\text{-}26)$$

式中：K_f——林分质量调整系数；

　　　K_s——立地质量调整系数；

　　　K_d——地利等级调整系数；

　　　K_b——交易时间调整系数；

　　　K_n——林地使用权剩余年限调整系数。

5.2.8　参照物价格到评估价的调整

对比待评估森林资源资产与参照物的各项差异因素，计算出各因素调整系数和综合调整系数。利用各因素差异调整系数或综合调整系数，把某一参照物的成交价格转化为待评估森林资源资产的价格，这一价格称为比准价格。

比准价格 = 参照物价格 × 综合调整系数

由于评估选择的参照物一般都在 3 个以上，对每一个参照物进行差异调整后都会得出一个比准价格，而且每个比准价格可能都不相同，最后需要综合求出待评估森林资源资产的评估价。可采用简单算术平均数法、加权算术平均数法、众数法、中位数法等方法将比准价格调整为评估价。一般采用简单算术平均数法将比准价格调整计算为评估价格。

$$评估价 = \frac{比准价格_1 + 比准价格_2 + 比准价格_3 + \cdots + 比准价格_n}{n}$$

5.3   本章小结

(1)市价法是选择近期发生的同类资产交易实例作为参照物，将待评估的森林资源资产与参照物进行对照比较，通过差异调整来估算待评估资产价格的评估方法。就森林资源资产评估市价法的分类，本文提出了两个观点：

一是林木资产的市场价倒算法，目前被归为市价法，本文认为，林木资产评估的市场价格倒算法是根据木材市场价格估算林木资产采伐后的收益来测算林木资产评估价的方法，而市价法是通过对比同类（林木资产）成交情况来估算资产评估价格的方法，因此林木资产评估的市场价倒算法属于收益法的范畴，不属于市价法的评估方法。

二是林地基准价修正法，它是利用当地政府制定的基准林地价作为参考，将被评估林地的立地条件、地利等级及个别条件与所在区域林地的平均条件相比较进行修正，从而求得林地评估价的一种评估方法。本文认为，从评估原理分析，林地基准价修正法属市价法的范畴。

(2)参照物选择的原则有三：一是与待评估森林资源资产具有较强的相关性；二是要求选定一定数量的交易案例作为评估参照物，一般应选取3个以上的案例作为参照物；三是交易案例合法，资料来源可靠。本文进一步提出：为使评估对象与参照物具有可比性，应选择与待评估森林资源资产处于同一地区（市）、同一立地亚区的成交案例作为参照物；林木资产最好选择树种和林龄相同的案例作为参照物。

(3)森林资源资产的差异因素有：林分生长状态的差异——林分质量差异、林地生产能力差异——立地质量差异、地理位置不同造成的采运成本差异——地利等级差异、由于交易时间不同而产生的价格变化差异、林地使用权剩余年限差异等。根据这些差异对森林资源资产价格的影响，采取一定的方法计算出各项差异的调整系数，可将参照物的价格调整为待评估资产的价格。

关于林分质量差异调整，本文提出采用林分出材率差异调整替代现行的平均胸径差异调整，并探讨了林分出材率调整系数的计算程序和方法。关于立地质量差异调整，本文进一步探讨了利用林分收获表计算立地质量差异调整系数的方法。关于地利等级差异调整，本文提出利用集材费用与集材距离的相关方程及运材费用与运材距离的相关关系，通过分别计算集材距离修正系数与运材距离修正系数来计算地利等级差异调整系数的思路，并对其计算方法进行了探讨。

（4）不同的森林资源资产因差异因素不同，需进行差异调整的因素也不尽相同，本文提出了差异因素组合分别计算林木资产、林地资产和森林资产差异调整系数的思路：林木资产的差异调整包括林分生长状况调整、地利等级调整两项林分质量差异调整以及交易时间差异调整；林地资产的差异调整包括立地质量调整、地利等级调整两项林地质量差异调整以及交易时间差异调整、林地使用权剩余年限差异调整；森林资产的差异调整包括林分质量调整、立地质量调整、地利等级调整三项森林质量因素的差异调整以及交易时间、林地使用权剩余年限等其他因素的调整。

（5）市价法的前提是假定市场是有效和正确的，但现实中由于经济环境和流动性的变化，市场本身对资产的估值及相应的成交价格存在很大的变数，因此市价法也最容易受市场判断错误（高估或低估）的影响和误导。此外，应用市价法评估需要充分活跃的交易市场，因为我国当前森林资源资产产权交易市场还没有充分发育，森林资源资产产权交易活动还不是十分活跃，使得这种方法在森林资源资产评估中还没有发挥出应有的作用。但是我们相信，随着森林资源资产产权交易的日益活跃和产权交易市场的不断发育和完善，市价法的评估方法将会在森林资源资产评估中发挥越来越重要的作用。

第6章
森林资源资产评估之成本法

成本法是从森林资源资产营造和购建的角度来测算资产的评估价格，依据劳动价格理论和生产成本理论，森林资源资产的价格由其生产过程中转移的生产资料价值、劳动创造的新价值和林业部门的平均利润构成的生产成本所决定。成本法的优点是客观性，成本资料是现实的客观数据，且相对容易收集，具有易操作性；缺点是没有考虑市场因素对资产价格的影响。成本法一般适用于在市场欠发育、资产交易实例少，且资产收益存在较大不确定性的情况下使用。

6.1 森林资源资产评估成本法概述

森林资源资产中，由于林木资产和林地资产的成本构成不同，具体的评估方法及测算公式又有差异，因此分别林木资产和林地资产研究森林资源资产评估的成本法。至于林木与林地合一的森林资产，从成本的角度，是由林木资产成本和林地资产成本之和构成，不单独作为成本法的研究对象。

6.1.1 林木资产评估的成本法

林木资产评估的成本法是通过计算重新营造与评估对象相同的林木资产所需花费的成本费用，来确定评估资产价格的方法。根据国家国有资产管理局和林业部《森林资源资产评估技术规范（试行）》，目前林木资产评估成本法的具体方法有重置成本法、序列需工数法和历史成本调整法。

6.1.1.1 重置成本法

根据《森林资源资产评估技术规范(试行)》,重置成本法是按现时的工价及生产水平重新营造一块与被评估森林资源资产相类似的资产所需的成本费用,乘以被评估森林资源资产的林分综合调整系数来估算其评估价。其计算公式为:

$$E_n = K \cdot \sum_{i=1}^{n} C_i (1 + P)^{n-i+1} \tag{6-1}$$

式中:E_n——n 年生林木资产的评估价;

K——林分质量综合调整系数;

C_i——第 i 年的以现行工价及生产水平为标准的生产成本;

n——林分年龄;

P——利率。

重置成本法主要适用于对幼龄林资产进行评估,它既可以用于一般幼龄用材林的评估,也可以用来对那些还没有进入产笋、产果期的竹林和经济林资产进行评估。

6.1.1.2 序列工数法

序列工数法是以现行工价(含料、工、费)和森林经营中各工序的需工数估算被评估森林资产的评估价。其计算公式为:

$$E_n = K \cdot \sum_{i=1}^{n} N_i \cdot B \cdot (1 + P)^{n+i+1} + \frac{R \left[(1 + P)^n - 1 \right]}{P} \tag{6-2}$$

式中:E_n——n 年生林木资产的评估价;

K——林分质量综合调整系数;

N_i——第 i 年需工数;

B——评估时的日工价(含管理费及材料损耗费用);

P——投资收益率;

R——年林地使用费;

n——投资序列年份。

序列需工数法是林木资产评估重置成本方法的一种变化形式,该法鉴于林木培育的投入主要是劳动的投入,采用将少量的物质材料费等合理费用打入工价中，直接用工数来求算除地租外的重置成本，这较一般的重置成本法计算更为简单、方便。

6.1.1.3   历史成本调整法（物价指数调整法）

历史成本调整法是以投入时的成本为基础，根据投入时与评估时的物价指数变化情况，确定被评估森林资源资产评估价的一种方法。该方法适用于历史成本资料比较齐全的森林资源资产。其计算公式为：

$$E_n = K \cdot \sum_{i=1}^{n} C_i \frac{B}{B_i} (1 + P)^{n-i+1} \tag{6-3}$$

式中：E_n——n 年生林木资产的评估价；

K——林分质量综合调整系数；

C_i——各年度投入的实际成本；

B——评估时的物价指数；

B_i——投入时的物价指数；

P——投资收益率。

历史成本调整法把历史成本作为林木资产评估的基础，要求：①除物价水平之外，历史的生产技术条件、作业方式、耗费水平等没有发生大的变化；②该历史成本应该是在正常经营条件下的成本，也可以选取与标准林分接近的该区域平均成本资料作为评估基础；③物价因素应逐年调整，用评估时的物价指数(B)与投入时的物价指数(B_1)之比，将历史成本调整为评估时的现时成本。

由此可见，历史成本调整法虽然采用的是林木资产的历史成本，但通过物价指数把历史成本调整为现时成本，从本质上讲，评估的基础是现实成本，因此该法也是重置成本法的一种特殊形态。

6.1.1.4   重置成本计算注意事项

以上《森林资源资产评估技术规范（试行）》中关于林木资产评估成本法的几个公式，虽然涉及的具体方法有重置成本法、序列需工数法和历史成本调整法，但它们都是计算按现时工价及生产水平，重新营造一块与被评估对象相类似的林分所需的成本费用，并以复利的形式计算了各年投入的利息（投资报酬），因此，计算的是林木资产在现时物价水平下的重置成本。该类评估方法应注意以下方面：

（1）用现时的重置成本为基础进行林木资产评估，这是从林木生长的特殊性考虑所采用的方法。营林生产是一个漫长的时间过程，以前各年度投入的成本，在多年以后由于物价水平变化，其成本已经发生了变化，这就需要按现时的物价和工价水平来调整以前的营林作业成本。另外，由于营林生产效率提高和技术进步，按现在的技术水平营造与被评估对象相类似的林分，其生产耗费的总水平可能有所下降，而林木的生长量会提高。因此，采用了现时重置成本为基础评估林木资产价格，要求在确定林木重置成本时，必须分析生产能力、物价水平、技术水平，对过去的投入标准按现时的经济技术标准修正，来调整营林成本资料。

（2）利率的确定是林木资产评估成本法的另外一个重要环节。由于林业经营周期长，资金占用周期长，成本法以复利形式计算资金占用成本，利率成为影响评估价的主要因素之一。利率是资金的价格水平，它受平均利润率和资金供求关系的影响。利率的主要决定因素有：资本平均利润率、资金供求状况、国家经济政策、借贷资金的风险及流动性、通货膨胀因素、银行成本。确定利率的方法之一就是"构成法"，认为利率由纯利率、通货膨胀率和风险率三个部分构成。

现行的林木资产重置成本评估方法中，林木资产重置成本法采用的是现时的物价和成本标准，即使采用历史资料，也用物价指数调整为现时的成本标准。由于成本不存在通货膨胀因素，利率也不应包含通货膨胀因素。因此，在利率测算时，采用只用纯利率加上风险率来确定（罗江滨、陈平留等，2002）。也就是说，用重置成本法评估林木资产时，要从正常方法测算出的利率中扣减通胀因素来确定重置成本法中的利率。

（3）成本法主要适宜于幼龄林资产评估，这主要是因为我国幼龄林资产的买卖还不活跃，产权交易市场还没有形成，很难取得相同或类似的市场参照物，无法采用市价法评估；此外，幼龄林离主伐时间还相距较远，估算资产的未来收益可能存在较多的不确定性和误差，不适宜采用收益现值法加以评估，因此，在林木资产评估实务中，重置成本法就成为评估机构和评估人员评估幼龄林及以下林木资产评估的首选。

6.1.2 林地资产评估成本法概述

林地资产评估的成本法就是用取得林地所付出的成本费用和林地开发维持所需的费用来确定林地价格的方法。《森林资源资产评估技术规范（试行）》中林地的成本法为林地费用价法。我国农用地评估中采用的是成本逼近法，与林地费用价法原理基本相同，在此也作为一种评估方法予以简述。

6.1.2.1 林地费用价法

林地费用价法用取得林地所需要的费用和把林地维持到现在状态所需的费用来确定林地评估值的方法。其计算公式为：

$$B_u = A \times (1 + P)^n + \sum_{i=1}^{n} M_i (1 + P)^{n-i+1} \tag{6-4}$$

式中：B_u——林地资产评估价；

A——林地购置费；

M_i——林地购置后，第 i 年林地改良费；

n——林地购置年限；

P——利率。

在林地费用价的应用中，由于林地的购置是年限一般较短，各项成本费用大多比较清晰，其利率一般采用正常利率，而各年度的改良费一般也采用历史成本，而不用重置成本（罗江滨、陈平留等，2002）。

6.1.2.2 成本逼近法

与林业领域评估地价采用的林地费用价法不同，农业领域评估地价采用的是成本逼近法。根据《农用地估价规程》，成本逼近法计算农林用土地价格的基本公式为：

$$\text{农用土地价格} = \text{土地取得费} + \text{土地开发费} + \text{税费} + \text{利息} + \text{利润} + \text{土地增值收益} \tag{6-5}$$

该公式中各个项目的含义为：

（1）土地取得费：是指为取得开发利用土地的土地使用权而客观发生的费用。在我国农用土地的取得费一般有三种情况：一是集体"四荒地"使用权的取得，通常是通过承包、招标、拍卖、公开协商方式取得，土地取得费通过竞标、竞价和双方议定方式确定；二是农村集体组织或国有大中型农场的未开发地或撂荒农用土地的取得，常采用对外出租方式获得，承租人支付的一定年期的租金可作为土地取得费；三是农用土地使用者不愿继续经营的农用土地的取得，可采用转包方式，把剩余的一定年限的土地使用权转包给第二承包人，第二承包人支付的租金可作为土地取得费。

（2）土地开发费：是为使土地达到估价时点地块的农业利用条件而进行的各种开发建设的客观费用。根据农业生产的要求，农用地的开发建设主要包括田间道路、农田水利设施（渠系、机井、排水管网等）、农业设施（如地膜、大棚等）、土地改良费（如土地平整费）及其他（如农田防护林）方面。

（3）税费：是指取得待开发农用土地和进行农用地开发过程中所应支付的有关税费。目前在我国，有关农用土地开发的税费基本没有。

（4）利息：是指投入资本的时间价值，具体应以土地取得费、土地开发费和税费三项为基数，考虑资金投入时间点，参照评估日银行一年期贷款利率计算。

（5）利润：是对农用土地开发投资的回报，是土地取得费和开发费在合理的投资回报率（利润率）下应得的经济报酬，是一个平均利润。实际上它是对投资、管理者素质等的反映，相当于级差地租Ⅱ的资本化。

（6）增值收益：是指待估价农用土地因增加投资进行农用土地开发或者改造使农用土地生产能力得到提高，以及国家相关方针政策改变、土地供求关系改变而引起的农用土地的增值（国土资源部，2003；刘治钦，2004等）。

6.1.2.3　林地费用价法与成本逼近法的对比分析

对比林地费用价法与农用土地的成本逼近法，两种方法虽然公式表达不同，但其基本原理相同，都是采用以林地或农地的取得费用加上开发维持费用作为评估的基础。与林木资产现行的以评估基准日价格资料计算重置成本不同，林地费用价法与农用土地的成本逼近法都采用历史成本为基础，通过正常利率调整为评估基准日的价格水平。相比较，农用土地的成本逼近法中利息和利润需要分别计算，利息是资金占用的成本，利润是投资者要求的回报，它们是成本价的构成部分；林地费用价法中的利率(投资收益率)综合了利息和利润的因素，因此不需要单独计算利息和利润。此外，成本逼近法中还考虑了增值收益的因素，因此成本要素的选用更加全面。

由于农地和林地性质基本相同，生产过程相近，因此农用土地评估的成本逼近法也可用于林地的评估。

6.1.2.4　适用范围

林地费用价法和成本逼近法主要用于林地的购入费用较为明确，而且购入后仅采取了一些改良措施，使之适合于林业用途，但又未开发经营的林地。

在我国目前的林地资产业务中，林地资产购入后仅进行维持、改良，而不进行开发经营的情况很少，因此成本法在林地资产评估中很少应用。随着森林产权交易的活跃，森林资产购买后经过一定时期经营再次转让的资产业务会逐步增多，因此，林地资产评估的成本法可用于评估林地资产或林木与林地合一的森林资产购买后再次转让的资产评估。

6.2　林木资产评估成本法的探讨

6.2.1　林木资产重置成本计算的理论难点

与一般资产评估的成本法不同，由于林木经营周期较长，即使幼龄林，从造林到郁闭成林也需要 3～5 年左右时间。因此，资金时间成本的处理是林木资产评估成本法需要重点考察的因素。

基于现行物价标准的重置成本法及其他方法都是以现时的成本标准为基础，根据投入时段分别计算其资金成本，汇总确定被评估林木资产重置成本的评估方法。从理论上分析，这样确定的重置成本并不是现值，而是 n 年(评估的林分年龄)以后的终值。如果要计算评估时点的价格，需要将终值再折现为现值。

现行的评估方法是采用了去掉通货膨胀因素后的利率来计算林木资产重置成本的方法。其基本思路是，根据构成法，实际利率(投资报酬率)应包括纯利率、风险利率和通货膨胀率三个组成部分，由于现行的林木资产成本法评估都是采用评估基准日的价格标准计算重置成本，已经将通货膨胀的因素考虑在内了，所以在评估中所采用的利率或投资收益率都不能包括通货膨胀的因素在内(国家国有资产管理局、林业部1997；罗江滨、陈平留等，2002；郭进辉，2004等)。也就是说，林木资产评估重置成本法中的利率不能采用正常方法确定的利率(投资收益率)，需要从正常利率(投资收益率)中减去通货膨胀的因素。本文认为，这样的操作存在以下缺点：

(1)林木资产评估重置成本法中利率或投资收益率的内涵与一般意义上的利率(投资收益率)的内涵存在较大差异，需要专门予以说明。关键指标的内涵不同易造成误解和混乱，如一些资产评估的教材或著作在介绍林木资产评估的重置成本法时，往往忽略这样的说明，从另外一个方面证明了这样处理方法的缺陷。

(2)利率确定的基础是国债利率或银行存款利率，国债利率和银行存款利率中已包含了对通胀因素的预期，未来的通货膨胀因素存在较大的不确定性，如要求评估人员从国债利率中去掉通货膨胀因素，存在较大的主观性。

(3)现实经济生活中，利率与物价指数的走势并不完全一致，存在滞后或超前性。因此从利率中剔出通货膨胀因素，在操作层面容易造成误差。

基于以上分析，本文认为以现时重置成本为基础，用去除通货膨胀因素的利率(投资收益率)来计算林木资产重置现值的重置成本法，从理论上和操作上都不是较好的评估方法。

6.2.2 林木资产成本法评估的改进思路

《国际评估准则》4.12条定义了的重置成本是在假设不发生时间延

误的情况下，以同等满意程度的替代性资产替换某项资产的成本。赵邦宏(2003)在对成本法评估的适应性进行研究后强调"在严格限定条件下可以应用成本法"，他认为，成本法实际上是以资产的历史成本为基础的调整数据，这种调整是对资产成本的市场价值调整，调整后的数据在一定程度上体现了资产的市场价值。

森林培育的长周期性决定了林木资产重置时间的延后性，超出了《国际评估准则》中采用重置成本的限用条件。因此从理论上讲，林木资产评估不适合采用重置成本法进行评估，应以历史成本为基础，调整计算为现时成本作为评估值。

根据以上分析，本文提出成本调整法的林木资产评估评估方法。其思路是：依据各年的营林作业技术标准和营林成本资料，以待评估林木资产营造过程的实际投入时间为基础，以正常作业标准和历史平均营林成本为标准，采用正常的利率或投资收益率标准，计算林木资产的现时成本。

成本调整法林木资产评估的公式为：

$$E_n = K \cdot \sum_{i=1}^{n} C_i (1 + P)^{n-i+1} \qquad (6\text{-}6)$$

式中：E_n——n 年生林木资产的评估价；

　　　K——林分质量综合调整系数；

　　　C_i——第 i 年的林木平均生产成本；

　　　n——林分年龄；

　　　P——利率。

与《森林资源资产评估技术规范(试行)》等现行基于现行价格资料的重置成本法不同，本文提出的成本调整法中的各年度投入成本 C_i 采用的是林木营造时的平均成本，利率 P 采用的是正常的利率或投资收益率。

表6-1是根据福建省某市国有林业公司及当地集体林造林的成本发生额测算的当地主要树种分年度的营林生产平均成本。根据表6-1的资料，分别用成本调整法和现行的重置成本法评估 2008 年该地区 4 年生杉木标准林分的林木资产，来对比两类方法的评估思路。

表6-1 福建省某地区主要树种营林成本

Table 6-1 The forest management costs of main species of sp. in Fujian province

主要树种营林成本	营林年度	2005	2006	2007	2008
杉木造林成本 （元/亩）	第一年	320	330	350	350
	第二年	100	110	120	120
	第三年	50	60	60	60
	第四年起	5	5	6	6
松木造林成本 （元/亩）	第一年	300	310	330	330
	第二年	90	100	100	100
	第三年	45	50	50	50
	第四年起	5	5	6	6
杂阔木造林成本 （元/亩）	第一年	320	330	350	350
	第二年	100	110	120	120
	第三年	50	60	60	60
	第四年起	5	5	6	6

资料来源：根据调查资料整理。

（1）用成本调整法评估。4年生杉木各年的营林成本分别选用2005年第一年、2006年第二年、2007年第三年和2008年第四年的成本数据。利率采用加权平均资本成本法确定，为5.51%（见本章6.3.1.2中"林木资产营造成本的利率"）。评估结果为：$320 \times (1 + 5.51\%)^4 + 110 \times (1 + 5.51\%)^3 + 60 \times (1 + 5.51\%)^2 + 6(1 + 5.51\%) = 598.9$ 元/亩。

（2）采用现行的重置成本法评估。根据公式6-1的要求，营林成本选用杉木2008年第一年到第四年的各年度营林成本资料。

利率以正常利率去除物价变动因素来确定。正常利率仍为5.51%；物价变动因素选取居民消费价格指数（CPI），根据国家统计局公布的资料，2008年的CPI增长率为5.9%，由于当年的物价增长超过了正常利率，所以采用1999~2008年10年的CPI年增长率的平均数（计算结果为1.8%），以此作为利率中的物价变动率。则去除物价指数变动因素后的利率为3.71%（5.51% − 1.8% = 3.71%）。

以重置成本计算的 4 年生杉木标准林分林木资产评估结果为：350 × $(1 + 3.71\%)^4$ + 120 × $(1 + 3.71\%)^3$ + 60 × $(1 + 3.71\%)^2$ + 6$(1 + 3.71\%)$ = 609.5 元/亩。

如果有比较齐全的营林技术标准和成本资料，从理论和实际操作的角度，以历史成本为基础的成本调整法比现行的以重置成本为基础的各种评估方法都更为合理和便捷。随着森林资源资产化管理推进，生物资产会计准则的发布执行，营林成本资料将会比较容易获得，有条件采用基于历史成本基础的成本调整法替代现行的重置成本法评估林木资产。

6.3   森林资源资产评估成本法的主要参数探究

6.3.1   林木资产评估成本法的主要参数

6.3.1.1   林木资产的营造成本

林木资产的营造成本包括造林和林木抚育经营的成本，称为营林成本。营林生产周期长，并具有明显的阶段特征。以人工用材林为例，营林生产分三个阶段：

（1）造林及幼林抚育阶段。从整地、苗木栽种开始，到林木验收合格、幼林郁闭，是营林生产的初始阶段，生产投入和费用支出较多。

（2）成林抚育阶段。从林木郁闭开始到林分进入工艺成熟。该阶段经营期较长，生产迅速，蓄积量逐渐增加，直到达到顶峰。有部分的间伐收入，主要生产投入为进行抚育间伐、人工打枝、病虫害防治、防火等工作的有关费用。

（3）主伐利用阶段。从林分进入工艺成熟到对林分主伐利用为营林生产的最后阶段，时间较短。

完整的营林成本包括从整地造林到林木主伐所发生的费用支出。

根据原林业部 1995 年 3 月的《森林资源资产会计核算试行办法（征求意见稿）》，企业会计核算中，营林生产成本一般包括：

（1）造林费，指林木郁闭（或达到验收标准，下同）前的造林作业发生的费用。即进行整地、栽植、补植、飞播和幼林抚育等的费用。

(2)抚育费，指林木郁闭后的抚育作业费用。包括中龄林抚育和成林抚育发生的费用。

(3)低产林改造支出，即对低产林进行人工改造发生的各项支出。

(4)森林保护费，包括护林防火费和病虫害防治费。其中护林防火费包括护林人员经费，防火设施，林道和通讯线路的维修费，扑火费等。

(5)营林制造费用，指基层营林生产单位(林场，经营所等)为组织和管理营林生产所发生的管理费用和业务费用。包括营林生产单位的机构经费；营林固定资产的折旧费、修理费；营林设施费，即不形成固定资产的新建防火线、瞭望台、林道及其他简易设施等费用；营林调查设计费，指为组织营林生产所发生的调查设计费，区划设计费及二类资源调查补助费；良种实验费，指为引进良种进行实验而发生的直接支出；其他有关管理费用和业务费用等。

营林成本的主体是从整地造林到林分郁闭期间的各项造林费用，而其中整地栽植的费用占造林费用的一半以上。林分郁闭后自然力在林木生长中发挥主导作用，营林生产活动以管护为主，营林支出相对较少。从表 6-1 中可以看出，福建省杉木、松木及杂木 3 类主要的人工造林树种，其主要成本均发生在造林前 3 年，从第 4 年起，各树种的营林成本为相对稳定的年管护成本。

林木资产评估成本法中各年度的成本投入包括了以上各项营林生产成本和营林生产费用。由于各经营单位的营林作业条件和成本费用控制水平存在差异，一般应以各年的平均成本或当地林业部门制定的标准成本为基础进行测算。

6.3.1.2 林木资产营造成本的利率

营林生产的周期长，且初期投入占主要份额，必须考虑投入资金的成本和回报，因此利率或投资报酬率是林木资产评估成本法中的另一项重要参数。

利率(interest rates)，又称利息率，表示一定时期内利息量与本金的比率，通常用百分比表示，按年计算的利率称为年利率。利率就其表现形式来说，是指一定时期内利息额同借贷资本总额的比率。多年来，经济学家一直在致力于寻找一套能够完全解释利率结构和变化的理论，"古典学派"认为，利率是资本的价格，而资本的供给和需求决定利率的变化；凯恩斯则把利率看做是"使用货币的代价"。马克思认为，利率是剩余价值的一部分，是借贷资本家参与剩余价值分配的一种表现形式。现代经济中利率是一个重要的金融变量，影响利息率的因素主要有资本的供求关系、时间长度及所带来风险的程度、国家的利息率政策。当前，世界各国频繁运用利率杠杆实施宏观调控，利率政策已成为各国中央银行调控货币供求，进而调控经济的主要手段。当经济过热、通货膨胀上升时，便提高利率、收紧信贷；当过热的经济和通货膨胀得到控制时，便会把利率适当地调低。因此，利率是重要的基本经济因素之一，合理的利率，对发挥社会信用和利率的经济杠杆作用有着重要的意义。

林木资产评估成本法中的利率可以采用构成法、平均贷款利率法和加权平均资本成本率的方法来确定。

(1)构成法。构成法是根据利率的构成要素来测算利率。资产评估中的利率是一个综合性指标，它是由纯利率、通货膨胀率和风险率三个部分构成。由于银行存款利率和国债利率是根据纯利率和通货膨胀率来确定的，相对于其他投资，银行存款和投资国债是风险最低的投资，银行存款利率和国债利率被称为无风险报酬率，因此利率的构成也可以表示为无风险报酬率和风险报酬率两部分。

陈平留等(陈平留、陈隆安，1994；罗江滨、陈平留，2002)认为，森林资源资产评估中的利率应采用"构成法"来确定。其中纯利率是不含通货膨胀和风险因素的利率，可以由国债利率扣除通货膨胀率后来确定，鉴于操作上的困难，建议采用国际上2% ~4%经验值确定；通货膨胀率要根据历年国家公布的通货膨胀率，选择近年的资料，加以分析判断来确定；风险率是指造林失败风险率、火灾风险率、病虫害及其他自然灾害风险率以及人为破坏风险率等。这些风险率都要根据有关的资源调查、生产作业、专项统计的资料来加以确定。由于他们采用的成本是基于现时物价水平的重置成本，成本中不存在通货膨胀因素，因此，在采用构成法时，只用纯利率加上风险率来测算利率。

关于现行林木资产评估重置成本法在理论和操作上的缺陷前面已论述，利率确定也是其操作难点之一。如果采用本文提出的改进后的成本调整法，以历史成本为标准进行测算，利率为正常的利率，可通过分别测算无风险报酬率和森林资源资产的风险报酬率来确定利率（投资收益率）。其中无风险报酬率根据中长期国债利率来确定，已包含了通货膨胀因素，因此，测算利率（投资收益率）时不需要再另外加上通货膨胀率。关于构成法测算正常利率（投资收益率）的方法，将在本文第七章中详细探讨，在此不再展开。

构成法是测算投资收益率较好的方法，但对于成本法中的利率，它忽略了信贷资金的实际成本。由于投资营林与银行贷款给营林者所承担的风险不同，因此营林投资收益率与贷款利率是不一致的，在借贷资金较多的林木资产成本中，采用构成法测算利率存在一定的误差。

（2）平均贷款利率法。该法以营林企业的实际资金成本作为林木资产评估成本法中的利率。由于营林企业的贷款期限不同，每笔贷款的利率水平不同；同时，作为具有生态效益的行业和国家重要的基础产业，除商业贷款外，营林生产可以获得较低利率的政策性优惠贷款，如国家林业贴息贷款和世界银行贷款。因此，采用营林企业的加权平均利率作为林木资产成本法评估中的利率。

平均贷款利率法以实际的贷款平均利率作为成本法评估中的利率，把资本收益率和银行贷款收益率等同对待，与构成法存在同样的缺点。

（3）加权平均资本成本法。加权平均资本成本法把企业的股东权益视为股权投资，把银行贷款和债券等负债作为债权人的债权投资，分别计算的股权资本的投资收益率及其权重，债务资本的平均成本及权重，然后计算企业加权平均资本成本率，作为成本法评估中的利率（投资收益率）。

加权平均资本成本率（WACC）的计算公式：

$$\text{WACC} = k_d \times (1 - t) \times \frac{D}{E + D} + k_e \times \frac{E}{E + D}$$

式中：k_d——债务资本平均成本率，即贷款及债券的平均利率；

　　　t——所得税率；

　　　k_e——股权资本成本率，即权益资本收益率，可通过构成法
　　　　　　测算；

　　　D——债务资本总额；

　　　E——权益资本总额；

$\dfrac{D}{E+D}$、$\dfrac{E}{E+D}$——分别是债务资本比重和权益资本比重。

构成法是从投资的角度来测算利率，平均贷款利率法是从借贷资金成本的角度来测算利率。实际营林投资中既有投资者的资本投入，又有相当数量的借贷资金，因此采用加权平均资本成本法分别从资本和债务两个角度测算利率，结果更接近实际情况。

采用加权资本平均成本法，以福建某林业公司为例，该企业2008年加权平均资本成本率的测算方法如下：①根据该公司财务报表，2008年末该公司的债务资本为272400000元，权益资本为270899946.34元，可以计算其债务资本比重为50.14%，权益资本比重为49.86%。②经调查，该公司平均贷款利率为6.03%，企业所得税适用税率为15%，则该公司2008年度实际债务资本成本 = 6.03×（1 – 15%）= 5.13%。③单位股权资本成本按照本文第7章关于折现率确定的研究成果，采用无风险报酬率加上风险溢价的方法确定。无风险报酬率取近10年的5年期国债利率（转化为复利形式）的平均数，经测算为3.45%；风险报酬率通过资本资产定价模型法，经测算为1.45%；两项合计单位股权资本成本为5.9%。④计算加权平均资本成本率（WACC）：WACC = 50.14%×5.13%＋49.86%×5.9%＝5.51%。

6.3.1.3　林木资产的调整系数

在林木资产评估中，采用的是一定区域的平均营林成本作为评估依据，测算出的是按当地平均水平的营林投入，并达到当地平均水平的林分质量的林木资产评估值。由于不同经营单位间的营林成本与管护水平的不同，生产能力有高有低，营造出的林分的质量是不相同的，因此，在林木资产的评估中，就要对营林成本资料进行调整，通过调整系数 K

把平均营林成本营造出正常水平的林木资产的评估值调整为评估对象个别的林木资产评估值。

调整系数确定的思路与第5章市价法中林分质量调整系数的确定思路基本是一致的，不同之处有两点：一是将评估对象与当地平均林分质量相比较，而不是与参照物相比较；二是因为成本法主要适用于幼龄林评估，因此主要立足幼龄林分析差异因素，测算调整系数。

《森林资源资产评估技术规范（试行）》中关于幼龄林调整系数，以人工用材林为例，规定以株数保存率（r）与平均树高两项指标确定调整系数。

（1）造林保存率调整系数 k_1。造林保存率反映了造林的质量，一般用株数保存率指标来表示，它是造林地实际保存株数与造林设计株数的比值。根据我国现行的造林验收标准，保存株数超过85%的达到造林验收标准，在41%~84%的要求进行补植，低于40%的要求重造。《森林资源资产评估技术规范（试行）》中分两种情形计算造林保存率调整系数：

当株数保存率 $r > 85\%$ 时　　　$k_1 = 1$

当株数保存率 $r \leqslant 85\%$ 时　　　$k_1 = r$

（2）平均树高调整系数 k_2。树高是评定林分生长状况的主要指标，它受造林技术水平及林地立地质量的综合影响。一般以待评估林分的平均树高与营林技术标准规定应达到的平均树高对比确定调整系数，也可以待评估林分的平均树高与当地平均水平对比确定调整系数。

树高调整系数 k_2：

$$k_2 = \frac{待评估林分平均树高}{营林技术标准规定达到的林分平均树高}$$

（3）林分质量调整系数 K。以造林保存率调整系数 k_1 和树高调整系数 k_2 的乘积作为幼龄林林分质量调整系数，其公式为：

$$K = k_1 \cdot k_2$$

对于中龄林以上的林木资产评估一般不采用成本法，对于短周期工业用材林，由于经营周期短，郁闭成林的前期，也可以采用成本法评估，但其调整系数不再采用造林保存率调整系数和树高调整系数的乘

积，而应采用评估时的单位面积平均蓄积量与当地平均水平或设计标准
应达到的水平之比作为调整系数。

6.3.1.4　关于林地使用费的探讨

《森林资源资产评估技术规范（试行）》中林木资产评估成本法的几
个公式中，其中的重置成本法和历史成本调整法在公式说明部分，关于
成本项目的内容中规定成本包含地租，序列需工数法中更是在公式中单
独计算地租的累计复利终值。国内学者也都沿用了《森林资源资产评估
技术规范（试行）》中关于林木资产的成本构成，在林木资产评估的成本
法中，成本的内容均包含了地租或林地使用费（罗江滨、陈平留、陈新
兴，2002；陈平留、刘健，2002；魏远竹，2003）。

本文认为，无论是基于现时价格水平的重置成本法，或本文提出的
基于历史价格水平的成本调整法，林木资产的成本内容都不应包含林地
地租或林地使用费。前面的理论部分提出，地价的实质是资本化的地
租。成本法评估中，如果包含了地租在内，地租的累计复利成本实质上
是一定期限林地使用权的价格。从理论上分析，采用包含地租在内的成
本，用成本法评估出的结果不是林木资产的价格，而是包含林地使用权
在内的森林资产的价格。

如果采用收益法评估林木资产，则地租或林地使用费应作为成本项
目予以扣减收益，否则收益法评估出的也是包含林地使用权在内的森林
资产的价格。

6.3.2　林地资产评估成本法的主要参数

6.3.2.1　林地的成本费用

林地资产评估的成本法，无论是林地费用价法或成本逼近法，都是
计算林地取得和维持到现在状态所需要的费用支出来评估林地的价值。
林地的成本费用包括两大部分：林地取得费和林地维持费。

林地取得费即购买林地的支出以及其他与购买林地相关的支出。

林地维持费是林地取得后，为适于经营而支出的各项设施建设支出
和林地改良支出。

林地取得费和林地维持费应是正常合理的费用,如果是明显高于正常的费用水平,则应调整为正常合理的水平。

6.3.2.2 利息和利润

利息是资金的成本,利润是投资的报酬。林地费用价法和成本逼近法对利息和利润的处理方法不同。

林地费用价法是按照资金的时间价值,把发生在不同时间点的林地取得费和林地维持费用可通过利率这个时间价值调整指标,调整为评估时的费用标准。在这里用资金的时间价值(具体指标为利率或投资收益率)代替了利息和利润的概念,因此不再单独计算利息和利润。利率或投资收益率的测算方法与林木资产评估中正常的利率或投资收益率测算方法相同。

成本逼近法则没有使用利率或投资收益率指标来调整历史成本,而是单独计算利息和利润。按照我国企业会计核算的规定,在这里,利息是借贷资金的成本,应是实际的利息支出或按照同期银行贷款利率测算;利润是投资者的期望报酬,估算利润可根据所在区域林地开发经营的平均利润水平并结合评估对象的具体情况来确定。

6.3.2.3 关于林地外部条件变化的思考

除了林地使用者或经营者对林地的投资、改造而引起的林地增值外,一些外部因素也会引起林地的增值,包括:①交通以及生产配套条件不断改善而产生的林地增值,即级差地租Ⅰ的资本化;②林业技术条件改进而产生的林地增值;③社会经济发展对林业需求变化而产生的增值或减值;④国家政策变化如增加营林补贴或减免林业税收而产生的林地增值。外部条件变化的影响即农用地评估成本逼近法中的土地增值收益。

对于外部条件变化引起的林地价格变化,借鉴农用地估价规程(国土资源部,2003)中关于农用地评估的外部修正系数法,可通过建立林地价格指数体系,利用估价期与林地取得时的地价指数计算取得。其理论公式为:

$$\dfrac{\text{林地外部}}{\text{修正系数}} = \left(\dfrac{\text{估价期林地}}{\text{价格指数}} - \dfrac{\text{地块取得时的}}{\text{林地价格指数}}\right) \div \dfrac{\text{地块取得时的}}{\text{林地价格指数}}$$

林地外部修正值＝林地成本价格×林地外部修正系数

根据以上分析，考虑外部因素后，林地费用价评估的评估值为：

林地评估价＝林地费用价＋林地外部修正值

6.4　本章小结

（1）成本法是以森林资源资产的营造和购建成本来估算资产价值的评估方法，森林资源资产经营期较长的特性，要求使用成本法评估时，需采用复利的方式计算利息及投资报酬。现行的林木资产评估成本法，采用的是现时成本价格标准，采用复利法计算重置成本，相应的，要求利率或投资报酬率要去掉物价变动因素，即以不含通货膨胀率的利率来计算复利。

本文认为，从理论上说，林木资产经营期较长，使得重置成本计算发生时间延后，因此，林木资产评估不适宜采用重置成本法，应采用林木营造和培育的历史成本资料调整计算林木的评估价。基于以现时成本标准计算重置成本在理论上的缺陷和特殊利率计算在实际操作中的缺陷，本文提出了以历史成本资料为基础的林木资产评估方法——成本调整法，并进行了实证测算。

（2）营林成本包括营林生产中造林、抚育、管护的各项成本费用。用成本法评估林木资产，应采用当地的平均成本或当地林业部门制定的标准成本资料为基础进行测算。本文对林木资产的价格内容进行分析后认为：林木资产成本法评估中，成本项目中应不包括林地使用费，因为林地使用费累计复利实质上是一定期限林地使用权的价格，如果成本项目中包括林地使用费，评估出的结果不是林木资产的价格，而是包含林地使用权在内的森林资产的价格。

（3）林木资产评估的成本法中，利率是把发生在不同时间点的成本费用调整为评估时点的成本费用的时间价值调整指标，已经包含了利息和利润，因此不需要再单独计算利息和利润。关于成本法中的利率，本文认为是总资产收益率的概念，可以采用加权平均资本成本率的方法来确定。

(4)林地资产评估除现行的林地费用价外，还可采用成本逼近法。两者对利息和利润的处理方法不同，林地费用价法用利率或投资收益率作为资金时间调整指标，不需要单独计算利息和利润；而成本逼近法则需要分别计算利息和利润。此外，林地费用价法评估林地资产，还要考虑外部条件变化引起的林地资产价格变化，对于外部条件变化引起的林地价格变化，可采用外部修正系数法予以调整。

第7章
森林资源资产评估之收益法

收益法是指通过估算待评估森林资源资产未来的预期收益，并将预期收益折算成现值来计算其评估价的各种评估方法的总称。根据地租理论，森林资源资产的价格基础就是资本化的森林地租（预期收益）。收益法从资产的资本属性来出发，利用投资回报和收益折现等技术手段，以评估对象的预期获利能力来估算其评估价格，是资产评估方法中较为科学合理的评估方法。

由于森林资源资产产权交易市场还不够活跃，森林培育经营过程中存在诸多的非市场因素，因此，很多情况下适合于用收益法进行森林资源资产评估。

7.1 森林资源资产评估收益法概述

7.1.1 林木资产评估的收益法

《森林资源资产评估技术规范（试行）》中根据具体方法不同，把林木资产评估的收益法分为收获现值法、收益净现值法和年金资本化法等三种，把市场价倒算法归为市价法的范畴。依据前面对市价法和收益法的原理分析，市场价倒算法也应属于收益法的一种方法。

7.1.1.1 收益净现值法

收益净现值法也称年净收益现值法，是通过估算被评估的森林资源资产在未来经营期内各年的预期净收益，按一定的折现率折算成为现值，并累加各年净收益现值得出被评估森林资源资产评估价格的一种评估方法。其计算公式为：

$$E_n = \sum_{i=1}^{u} \frac{A_i - C_i}{(1 + P)^{i-n+1}} \qquad (7\text{-}1)$$

式中：E_n——n 年生林木资产的评估价；

$\quad\quad A_i$——第 i 年的年收入；

$\quad\quad C_i$——第 i 年的年成本支出；

$\quad\quad u$——经营期；

$\quad\quad n$——林分的年龄；

$\quad\quad P$——折现率。

年净收益现值法是收益法的基本公式，比较适用于中龄林的评估以及那些在未来经营期间内，每年的收支情况都较为稳定的林木资产的评估，比如能按照经营方案每年进行择伐的森林、有稳定收益的经济林和竹林等。

7.1.1.2　市场价倒算法

市场价倒算法又叫剩余价值法，它是将被评估林木资产皆伐后所得木材的市场销售总收入，扣除木材经营所消耗的成本（含税、费等）及应得的利润后，将剩余的部分作为林木资产评估价格的一种方法。其计算公式为：

$$E = W - C - F \qquad (7\text{-}2)$$

式中：E——林木资产评估价；

$\quad\quad W$——采伐后木材销售总收入；

$\quad\quad C$——木材生产经营成本；

$\quad\quad F$——木材采伐经营利润。

市场价倒算法是收益净现值法的一种特殊形式，由于没有考虑收益的折现，所以只适宜于当年采伐的成熟龄林木资产的评估。由于该法不考虑采伐后的森林经营，实际上评估的是森林采伐权价值。该法由于技术经济资料较易获得，计算简单，结果贴近市场，广泛用于当年即将采伐的林木资产评估。

7.1.1.3　收获现值法

收获现值法是利用收获表预测被评估森林资源资产到主伐时的纯收

益并折现，扣除评估后到主伐期间所支出的营林生产成本折现值，以其差额作为被评估森林资源资产价格的一种方法。其计算公式为：

$$E_n = K \cdot \frac{A_u + D_a (1 + P)^{u-a} + D_b (1 + P)^{u-b} + \cdots}{(1 + P)^{u-n}} - \sum_{i=n}^{u} \frac{C_i}{(1 + P)^{i-n+1}}$$

$$(7\text{-}3)$$

式中：E_n——n 年生林木资产的评估价；

　　　K——林分质量综合调整系数；

　　　A_u——标准林分 u 年主伐时的纯收益；

　　　D_a、D_b——分别为标准林分第 a、b 年的间伐纯收益；

　　　C_i——评估后到主伐期间各年发生的营林费用（包括地租支出）；

　　　u——林木经营期；

　　　n——林分年龄；

　　　P——利率（一般根据当地营林投资的平均收益率计算确定）。

在此公式中，主伐纯收益 A_u 为主伐时的木材销售收入扣除采运成本、销售费用、管理费用、财务费用及有关税费和木材经营的合理利润后的余额；利率即折现率。

分析公式可知，收获现值法也是收益净现值法的另外一种形式。该方法根据预期森林经营的收入和支出，采取了森林经营收入（包括主伐、间伐净收入）和森林经营支出（管护费、年地租等）分别折现的办法。由于采用收获表预测的收入是标准林分的收入，因此计算结果需要采用林分综合调整系数 K 调整为待评估林分的状况。综合调整系数 K 的确定同市价法。

针对林分郁闭后营林管护费用和地租等支出基本稳定的情况，传统森林评价中的林木期望价法（亢新刚，2001）采用年金终值系数将各年等额的营林管护费用（用 V 表示）和地租支出（用 B 表示）转换到主伐年，然后用主伐净收入加上转换到主伐时的间伐净收入，减去转换到主伐时的营林管护和地租支出，再一次性折现到评估基准日的方法。其公式为：

$$E_n = \frac{A_u + \left[D_a(1+P)^{u-a} + D_b(1+P)^{u-b} + \cdots\right] - (B+V)\left[(1+P)^{u-n}-1\right]/P}{(1+P)^{u-n}}$$

$$(7\text{-}4)$$

式中：V——年管护费用；

B——年林地使用费（地租支出）；

其余各项参数含义同公式(7-3)。

收获现值法适用于中龄林及近成熟林的评估。

7.1.1.4 年金资本化法

年金资本化法是将被评估的森林资源资产每年的稳定收益作为资本投资的收益，再采用适当的资本化率将收益资本化的评估方法。其计算公式为：

$$E = \frac{A}{P}$$

$$(7\text{-}5)$$

式中：E——林木资产评估价；

A——年平均纯收益额；

P——投资收益率（资本化率）。

年金资本化法也是收益净现值法的一种特殊形式，是在满足年净收入稳定和经营期无限两个条件下的评估方法。很显然，单纯的林木资产是无法满足这两个条件的，因此严格意义上年金资本化法不能作为林木资产的评估方法。评估实务中主要用于有稳定年地租收入的林地资产评估，此外，它还可用于林木林地合一的森林资产评估，且评估出的是能够无限期经营的所有权价格。

7.1.2 林地资产评估的收益法

《森林资源资产评估技术规范（试行）》中林地资产评估的收益法包括林地期望价法和地租资本化法。

7.1.2.1 林地期望价法

林地期望价法以实行永续皆伐为前提，并假定每个轮伐期林地上的收益相同，支出也相同，从无林地造林开始进行计算，将无穷多个轮伐期的纯收入全部折现，以累加求和值作为被评估森林资产评估价的评估方法。其计算公式为：

$$B_u = \frac{A_u + D_a(1+P)^{u-a} + D_b(1+P)^{u-b} + \cdots - \sum_{i=1}^{n} C_i(1+P)^{u-i+1}}{(1+p)^u - 1} - \frac{V}{P}$$

$$(7\text{-}6)$$

式中：B_u——林地资产评估价；

　　　A_u——现实林分第 u 年主伐时的纯收入（指木材销售收入扣除采运成本、销售费用、管理费用、财务费用、有关税费、木材经营的合法利润后的部分）；

　　　D_a、D_b——分别为现实林分第 a、b 年的间伐纯收入；

　　　C_i——第 i 年投入的造林、抚育等营林生产费用；

　　　u——轮伐期（经营周期）；

　　　V——年均营林管护费用；

　　　P——利率（折现率）。

林地期望价法类似于土地评估中的假设开发法，它是假设在待评估林地上营造用材林同龄林，经过抚育、管护、间伐到林分成熟后进行主伐；然后在采伐迹地开始第二个轮伐期的造林、抚育、间伐直到主伐，如此循环往复经营林地。评估的方法是以一个轮伐期为单位，将无穷多个轮伐期的收入和支出全部折现累加求和得到林地的评估值。其各项收入和支出的折现计算过程为：

（1）主伐收入：每隔 u 年主伐一次，主伐净收入为 A_u，永续作业时各主伐收入的前价（现值）为：

$$\frac{A_u}{(1+p)^u}, \quad \frac{A_u}{(1+p)^{2u}}, \quad \frac{A_u}{(1+p)^{3u}}, \quad \cdots\cdots$$

合计为：

$$\frac{A_u}{(1+p)^u - 1}$$

（2）间伐收入：设每个轮伐期都有若干次间伐，分别发生在 a、b 等年度，在永续作业时每个稳定年度的间伐，每隔 u 年发生一次，则各轮伐期每次间伐净收入的前价（现值）为：

$$\frac{D_a}{(1+p)^a}, \quad \frac{D_a}{(1+p)^{a+u}}, \quad \frac{D_a}{(1+p)^{a+2u}}, \quad \cdots\cdots$$

合计为：

$$\frac{D_a(1+p)^{u-a}}{(1+p)^u-1}$$

（3）营林生产支出：在一个轮伐期内，不同年份将发生造林、抚育等营林生产支出，因为各年支出不相同，所以到主伐时，整个轮伐期营林生产的支出后价（终值）为：$\sum C_i(1+p)^{u-i+1}$

各轮伐期营林生产支出的前价（现值）为：

$$\frac{\sum C_i(1+p)^{u-i+1}}{(1+p)^u}, \quad \frac{\sum C_i(1+p)^{u-i+1}}{(1+p)^{2u}}, \quad \frac{\sum C_i(1+p)^{u-i+1}}{(1+p)^{3u}}, \quad \cdots\cdots$$

合计为：

$$\frac{\sum C_i(1+p)^{u-i+1}}{(1+p)^u-1}$$

（4）营林管护费用：假定在森林经营中各年的管护费用基本相等，这样可直接使用永续年金现值求得永续经营情况下的管护费用的前价（现值）合计为：

$$\frac{V}{P}$$

（5）将上述各项林地经营预期收入和支出的现值合并后，即可得到公式（7-6）林地期望价的计算公式。

在传统的森林评价林地期望价模型中（亢新刚，2001），营林生产支出仅为第一年的造林投入（用 C 表示），以后各年的营林支出均为等额的营林费用，则公式简化为：

$$B_u = \frac{A_u + D_a(1+P)^{u-a} + D_b(1+P)^{u-b} + \cdots - C(1+P)^u}{(1+p)^u-1} - \frac{V}{P}$$

$$(7-7)$$

式中各项参数含义同公式（7-6）。

7.1.2.2 年金资本化法

年金资本化法是选取适当的折现率（资本化率），将每年稳定的林地净收益进行资本化，来确定林地资产评估价的方法。其计算公式为：

$$B_u = \frac{R}{P} \tag{7-8}$$

式中：B_u——林地资产评估价；

R——林地预期年净收益；

P——投资收益率(资本化率)。

用年金资本化法计算林地评估价格，从理论上说是非常简便的评估方法，它的适用于具有稳定地租收益的林地评估。

关于该净收益(地租)与投资收益率的确定，陈平留(2002)认为，在确定年平均地租时用近年的平均值，并尽可能将通货膨胀因素从平均地租中扣除。在确定投资收益率时也最好将通货膨胀率扣除。如果在地租中无法将通货膨胀因素扣除，则投资收益率应包含通货膨胀率，但通货膨胀的变幅较大，这种计算可能产生较大的偏差。

本文认为，土地租金收入具有相对的稳定性，相对于产品价格的波动，它具有滞后性。在实际经济生活中，除非经济条件发生重大变化，导致土地净收益发生大的变化，会改变土地租赁合约，一般情况下，土地租金合约一经签署，不会发生经常性变化，土地租金在一定时间内是相对稳定的，或呈现台阶式的增长。因此从地租中扣除通胀因素是很难操作，也没有必要。只要根据以前年度的地租情况分析判断地租收入趋势，如果地租是平稳趋势，采用正常的资本化率将地租资本化即可；如果地租呈现稳定增长趋势，以 R 为基数，年增长率为 g，则年金资本化的公式变化为：

$$B_u = \frac{R}{P - g} \tag{7-9}$$

7.1.2.3　非无限期林地使用权评估方法

以上林地期望价法和年金资本化法等林地评估方法都是以林地无限期使用为前提条件。在我国现行的法律框架下，可以开展资产业务的是有一定经营期限的林地使用权。基于以上现实情况，本文对林地期望价法和年金资本化法进行了修正，提出了非无限期的林地期望价法和非无限期的林地年金折现法，以适应对林地使用权的评估。

（1）非无限期的林地期望价法。依照林地期望价法的思路，同样假设在待评估林地上营造用材林同龄林，经过抚育、管护、间伐到林分成熟后进行主伐，评估的方法是将一个轮伐期的收入和支出全部折现，用收入折现值减去支出折现值即为一个轮伐期的林地使用权评估价。其计算公式为：

$$B_u = \frac{A_u + D_a\,(1+P)^{u-a} + D_b\,(1+P)^{u-b} + \cdots - \sum_{i=1}^{u} C_i\,(1+P)^{u-i+1}}{(1+P)^u} - \frac{V}{P} \cdot \left(1 - \frac{1}{(1+P)^u}\right)$$

(7-9)

式中：B_u——林地资产评估价；

$\qquad$ A_u——现实林分第 u 年主伐时的纯收入（指木材销售收入扣除采运成本、销售费用、管理费用、财务费用、有关税费、木材经营的合法利润后的部分）；

$\qquad$ D_a、D_b——分别为现实林分第 a、b 年的间伐纯收入；

$\qquad$ C_i——第 i 年投入的造林、抚育等营林生产费用；

$\qquad$ u——轮伐期（经营周期）；

$\qquad$ V——年均营林管护费用；

$\qquad$ P——利率（折现率）。

（2）非无限期的林地年金折现法。依照年金资本化法的思路，选取适当的折现率，将一定期限林地每年净收益（地租）折现，来确定林地使用权的评估价的方法。其计算公式为：

$$B_u = \frac{R}{P} \cdot \left(1 - \frac{1}{(1+P)^n}\right)$$

(7-10)

式中：B_u——林地资产评估价；

$\qquad$ R——林地预期年净收益；

$\qquad$ P——折现率；

$\qquad$ n——林地使用期限。

若预期林地净收益为增长趋势，第一年净收益为 R，以后每年增长率为 g，则公式为：

$$B_u = \frac{R}{P-g} \cdot \left[1 - \left(\frac{1+g}{1+P} \right)^n \right] \tag{7-11}$$

7.2　森林资源资产经营收益测算

7.2.1　森林经营收入的测算

林木期望价法和林地期望价法计算模型，都是以用材林经营为基准，通过预测林分主伐净收入和间伐净收入及各年的经营管理费用，来测算森林资源资产的价格。因此，根据森林资源资产的经营状况测算森林经营的收入，是收益法评估最基础的工作。

7.2.1.1　主伐纯收入的预测

主伐纯收入是森林资产收益的主要部分，它是指林分主伐时的木材销售收入扣除采伐阶段的木材生产成本（包括木材采运成本、销售费用、管理费用、财务费用、有关税费、木材采伐阶段的合理利润）后的剩余部分，也就是林木资产评估中用木材市场价倒算法测算出的林木资产价值。

在测算所评估的林分（或无林地按规程造林经营形成的林分）在主伐时的木材销售收入时，首先要调查或预测主伐时林分的立木蓄积量。林分主伐时的立木蓄积一般依据当地的各树种标准林分蓄积量生长过程表来测算，然后按林分的平均胸径和树高通过出材率表查出相应林分的出材率，估算出主伐能够生产出多少不同规格的木材产品，再根据不同规格木材产品的市场价格计算出林分采伐后的木材销售收入。

木材生产成本主要包括采伐的成本、集材成本、运输成本、仓储等销售成本、木材加工成本、立木销售及产品销售中的税费、财务费用、各项管理费用等。资产评估中，一般要求以当地平均生产效率为标准测算成本，通常可利用当地林业生产的定额指标（各类生产的平均成本水平），再根据采伐作业具体条件进行修正来确定。

主伐纯收入预测的关键是根据评估时的林分生长状况测算主伐时的蓄积量和各种规格商品材的产量。

除了成熟林可采用抽样调查测算主伐时林分蓄积量外，大部分情况下需要根据当地林业部门编制的林分生长和收获模型来预测主伐时的林分蓄积量。森林资源资产评估中常用的林分生长和收获模型有林木蓄积生长模型和林分收获表(标准收获表或经验收获表)。

林木蓄积生长模型是根据当地主要树种森林经营状况拟合的林分蓄积量与林龄的方程，可用来预测正常林分(标准林分)主伐时的林分蓄积量。以下为福建省林业厅编制的《森林经营类型表》中全省主要树种的林木蓄积生长模型：

杉木：$V = 20.31432 \times (1 - e^{-0.1263545t})^{5.293045}$

人工松木：$V = 20.29737 \times (1 - e^{-0.1008322t})^{4.361291}$

天然松木：$V = 16.58036 \times (1 - e^{-0.0831928t})^{4.903001}$

人工阔叶林：$V = 31.45159 \times (1 - e^{-0.04364764t})^{1.700351}$

天然阔叶树：$V = 13.51293 \times (1 - e^{-0.1006183t})^{4.692105}$

其中：V 为林分平均蓄积，t 为林分年龄。

林分收获表是反映林分单位面积蓄积量及平均胸径、平均高等相关生长指标随年龄而变化的一种数表，常用的林分收获表包括标准收获表和经验收获表。标准收获表是反映完满立木度林分或正常林分(法正林分)各主要调查因子生长过程的数表，也称作正常收获表或林分生长过程表，这里的正常林分是指在某一立地条件下，林分适度郁闭(疏密度为 1.0 或完满立木度)且林木在林地上分布较为均匀、林木生长健康、蓄积量最高的林分。经验收获表，除了用平均密度代替"适度郁闭"和"正常立木度"外，与正常收获表相似。经验收获表采用林分平均密度，从而避免了确定正常立木度(最大密度)的麻烦，经验收获表的值比正常收获表更接近实际收获值。林分收获表分别立地质量反映某一地区林分生长过程，相比较林木蓄积生长模型，可以直接查到不同立地质量林分到主伐年龄时的蓄积量、平均胸径、平均高，使用起来更加方便。

同样蓄积量的林分，由于平均胸径、平均高不同，林分采伐后生产的商品木材的数量和规格也不同，且不同规格的木材，其销售价格存在较大差异，因此应根据林分的蓄积量和平均胸径、平均树高进一步预测各种不同规格木材的出材量，进而测算木材销售收入。一般采用林分出材率表来测算林分采伐后生产不同规格木材的数量。林分出材率表是按照林分的平均直径和平均树高直接确定林分各材种的出材率的测树用表，根据调查或预测的被评估林分的平均胸径和平均树高，可以从林分材率表上查出各材种的出材率。将林分的蓄积量分别乘上各材种的出材率，即可得到各材种的出材量。将各材种的出材量分别乘以各材种的销售单价，即可测算出林分采伐后的收入。

7.2.1.2　间伐收入

林分的间伐收入也是森林资产收入的重要来源，尤其是以培育大径材为目标、经营周期长的森林经营类型中更是如此。林分的间伐时间、间伐次数和间伐强度可按森林规划设计时编制的森林经营方案确定，也可参照各省林业部门编制的本省主要用材树种生长量、采伐量指标表中的间伐年龄、间伐次数和间伐强度来测算预期间伐蓄积量。间伐材的纯收入计算方式与主伐纯收入基本相同，只是出材种类及成本费用项目相对主伐要少些。

7.2.2　营林生产与管护费用的测算

营林生产费用包括清杂整地、挖穴造林、幼林抚育、劈杂除草、施肥等直接生产费用，护林防火、病虫防治等管护费用，以及摊入各类成本的管理费用。

就某一块具体林地上的营林生产全过程来看，造林抚育等生产支出主要集中在前3~5年，林分郁闭成林后，营林成本主要为营林管护费和分摊的管理费用。所以在林地期望价法中，将营林生产支出与营林管护费用作为2个不同的支出类型，分别折现，便于计算现值；在林木资产评估收获现值法中，因为该方法适宜的是中龄林及以上林木资产评估，其营林成本只有营林管护费用支出和地租支出，而没有造林环节的营林生产支出，当营林管护费用相对稳定时，可以将其和地租支出采用年金折现的方法折现，即转化为林木期望价法的计算方法。

7.2.3 森林资源资产经营净收益

森林资源资产的净收益即森林资源资产的经营收入减去营林生产支出与管护费用后的余额。年金折现法和年金资本化法需要计算森林资源资产年度经营的净收益。

对于森林资产，其净收益是年度森林经营的各项收入（包括主伐、间伐纯收入和其他森林多种经营纯收入）减去本年度营林生产营林生产及管护费用后的净盈余。森林资产的净收益主要指某一经营单位整体森林经营的净收益，而不是指某一具体地块森林的净收益。

对于林地资产，从理论上，土地纯收益即为地租。美国学者雷利·巴洛维在其《土地资源经济学》（北京农业大学出版社，1989年版）中提出"地租可以简单地看做是一种经济剩余，即总产值或总收益减去总要素成本或总成本之后余下的那一部分"，因而又称之为经济地租，实际上是纯收益（刘治钦，2004）。林地评估中的地租实际上为名义地租，营林企业出租林地，收取的林地租金收入要缴纳一定的税金，而现实中的林地地租大多是农村集体组织和林农个体对外出租林地而获得地租，不用缴纳税金，从形式上表现为纯收益，因此林地评估中的名义地租可以代替林地纯收益来评估林地使用权价格。但在用收益法评估林木资产时，相对于林地评估中纯收益的地租，此时成为林木生产经营者的支出项目，因此名义地租在用收益法进行林木资产评估时，被作为营林生产的费用支出项目。

7.3 折现率的确定

折现率是收益法资产评估中最为重要的参数之一，折现率的微小差异，将对评估结果带来巨大的差异。在《国际评估准则》中，对折现率的确定给予了高度重视，以专门六个条款来明确折现率的确定方法和基本要求。对于森林资源资产来讲，由于林业生产周期长，投入产出的时间差较大，折现率的大小对评估结果产生更为重大的影响，因此，合理确定折现率是森林资源资产评估的重要环节。

7.3.1 折现率的内涵

7.3.1.1 折现率的定义

关于折现率，《经济大辞典》定义为"把资金的未来价值折为现在价值的一种利率"，并进一步解释了折现率的内涵及确定原则："在投资项目评估中，根据货币的时间价值的观点，需要把不同时点的成本和收益的未来价值换算成同一时点的现值，这就要确定一个折现比率。折现率越大，资金的未来价值就越小。折现率是按资金的机会成本，即按该资金使用在该项目中因而失去在其他项目中的收益率来确定的。"（《经济大辞典》，于光远主编，上海辞书出版社，1992 年 12 月版。第 1061页）。

由此可见，折现率就是将资产未来收益还原或转换为现值的比率，其实质就是投资者要求的投资报酬率。在资产评估中，折现率又称还原利率，并把年金形式资产收益或长期固定收益的折现率称为本金化率，把永续年金收益的折现率称为资本化率。本金化率和资本化率是折现率的特殊形式。

7.3.1.2 折现率和利率

从理论上说，折现率和利率是两个不同的概念。利率是资金的报酬和价格，对资金让渡者而言是报酬或收益，对资金占用者而言是资金的价格或使用成本。折现率是计算货币时间价值的比率，是投资的收益率，它不仅包括资金的报酬和价格，也包括资产管理的报酬。折现率的确定通常和当时的利率水平有紧密的联系，在确定折现率的数值时，可以通过利率计算折现率，甚至用利率代替折现率，但应明确折现率不是利率。

7.3.1.3 折现率选择对森林资源资产评估结果的影响

在收益法评估森林资源资产的方法中，除了市场价倒算法由于采用当年的主伐净收益测算林木资产价格而不涉及折现率外，其他的方法都涉及折现率的测算和选择问题。林业经营的时间比较长，林业投资周期少则十几年，多则上百年，资产收益往往在投入很长一段时间后才能有所回报，在这么长的时间跨度里，折现率对资产收益折现值会产生巨大影响。

表7-1是我国南方林木生长较快的福建省几个主要速生树种的龄组划分。以其中林木生长较快，经营期较短的杉木林为例，轮伐期为25年。如果评估中龄林，从起始林龄为11年，到25年主伐时需要14年，假定按照6%折现率为基准，折现率增加1个百分点，评估结果偏差为−12.3%；折现率减少1个百分点，评估结果的偏差为14.2%，若折现率减少2个百分点，评估结果偏差为30.6%。如果是造林地评估，按一个轮伐期25年计算，同样假定6%折现率为基准，如果折现率减少2个百分点，评估结果偏差达到61%（表7-2）。

表7-1 福建省各树种龄组划分及龄组平均年龄

Table 7-1 Each species age group division and the
average age of age group in Fujian

树种	幼龄林	中龄林	近熟林	成过熟林
杉　木	4～10	11～20	21～25	26以上
马尾松	4～10	11～20	21～30	31以上
阔叶树	4～10	11～20	21～30	31以上

表7-2 折现率与折现结果偏差

Table 7-2 The deviation between discount rate and discounting

折现率(%)	4	5	6	7	8
14年偏差	30.6%	14.2%	0	−12.3%	−23%
25年偏差	61%	26.7%	0	−20.9%	−37.3%

7.3.1.4 森林资源资产评估折现率选择的现状

折现率的选择对于森林资源资产价格的计算影响非常大，对折现率的确定也是评估的难点和重点。目前关于森林资源资产及相近资产评估时折现率的确定主要有以下观点。

在国家国有资产管理局和林业部1996年发布的《森林资源资产评估

技术规范(试行)》附件2"森林资源资产评估中利率的确定原则"中提出利率由经济利率、风险率和通货膨胀率三部分构成。由于森林资源资产评估使用的收入和支出都是以现实物价水平为基础测算,不含通货膨胀的因素,因此利率只含经济利率和风险率两个部分。关于经济利率,也称纯利率,采用国债年利率扣除当年的通胀率来计算,并提供了3.5%的经验值;风险率则包含造林失败、火灾等自然灾害以及人为破坏因素,并建议不超过1%。陈平留在《森林资产评估中的利率确定》一文中也采用了上述方法,并提出利率的建议值:评估时一般采用3%~5%。[由于《森林资源资产评估技术规范(试行)》关于林木资产和林地资产收益法的有关公式中,分别使用了利率、折现率和投资收益率三个概念,因此此处关于利率确定的原则实际上也是折现率的确定原则。]

台湾林英彦教授在其著作《不动产估价》中用以下公式确定土地还原利率(折现率):

$$土地还原利率 = \frac{1 年期银行存款利率}{同期物价指数} \times (1 - 10\ 所得税率)$$

借鉴此公式,孔令娇(2007)认为我国林地还原利率应该为:

$$林地还原利率 = \frac{1 年期银行存款利率}{同期物价指数} \times (1 - 林地使用权费率)$$

刘治钦(2004)认为,由于土地投资具有长期性、安全性、公益性、风险可转嫁等特点,还原利率应该选择低利率已经成为共识。而且随着经济的进一步发展和人口的不断增长,土地的供求矛盾进一步尖锐,还原利率也呈现不断降低的趋势。20世纪90年代初期,各国土地还原利率大多在5%,如美国大致为4%,英国为5%,德国为5.5%,我国台湾省为8.5%,我国内地则高达10%~12%。而到了2003年,各国采用的还原利率一般都降至4%以下,日本更是降至不足1%。我国各地近年来一般采用的还原利率为5%,但是考虑到利率的多次调整降低,加上我国农产品价格多年来相对于工业品而言较低的现实,因此采用林英彦教授的公式计算还原利率应该更合理。

由于折现率本身带有较强的主观性和多样性,再加上行业风险、市场条件、税收政策、产业政策、价格等影响因素复杂且难以量化,因此使得目前森林资源资产评估中折现率的确定更多的是采用定性和经验的方法。由于折现率在森林资源资产评估中具有的特殊重要作用，下面从折现率的确定原则出发深入探讨森林资源资产评估中折现率的确定途径。

7.3.2 折现率的确定原则

对于折现率的确定，《国际评估准则》的原则是要求评估人员应考虑利率水平、预期投资报酬率和预期现金流量相关联的风险等因素予以确定。国内的评估界提出企业价值评估时，折现率确定一般应遵循不低于无风险报酬率原则、以行业报酬率为基准原则、与收益额相匹配的原则（朱萍，2008；赵邦宏，2002）。

（1）不低于无风险报酬率原则。在正常的资本市场和产权市场条件下，投资的报酬率不应低于该项投资的机会成本。我国现时经济中把银行存款和政府发行的国债利率作为无风险报酬率看待，如果折现率小于无风险报酬率，就会导致投资者将资金存入银行或购买政府发行的国债，而不去进行有风险的投资和资产交易活动。因此，无论采用何方法确定的折现率，都不应低于无风险报酬率。

（2）以行业报酬率为基准原则。投资者由于各自偏好不同，投资领域也不同，因此从理论上说评价投资方案需要以市场平均报酬率进行衡量。但实际经济活动中，由于市场平均报酬率很难求得，而行业平均报酬率则可以根据国家公布的有关统计数据计算得出，因此，一般以行业平均报酬率作为确定折现率的基准。行业平均报酬率是衡量一个行业同类企业投资总额的平均收益水平的指标。投资者投资某一企业，所期望的投资报酬起码能获得该企业所在行业的平均收益水平。因此以行业报酬率为基准，是确定折现率的重要原则之一。

（3）与收益额相匹配的原则。折现率和资本化率的确定和选取要与预期收益相匹配主要体现在两个方面：一是折现率和资本化率与收益额是否都考虑了通货膨胀因素；二是折现率和资本化率与收益额内容上的匹配。通常情况下，如果预期收益中考虑了通货膨胀（紧缩）因素和其他因素(如税收、再投资)的影响,那么在确定折现率时也应有所体现;反之,如果预期收益中没有考虑通货膨胀因素和其他因素的影响,那么在确定折现率时也不应体现这些因素的影响。

现行的森林资源资产评估收益法中,收益的测算都是以现行价格为基础,没有考虑通货膨胀因素,要求折现率也不含通货膨胀因素,即体现了此项原则。

7.3.3　折现率的确定方法

正常的资产报酬率由两部分组成,即无风险报酬率和风险报酬率。无风险报酬率是指将资产投入绝对安全投资机会中能带来的收益率。一般情况下,人们通常把信誉好、安全性高的政府债券利率作为无风险报酬率。风险报酬率是对投资市场风险的补偿,是投资者获得无风险报酬之外,对投资所承担风险要求获取的额外收益率。根据风险报酬率的不同测算方法,国内外资产评估常采用风险累加模型、资本资产定价模型(CAPM)和套利定价模型(APM)来确定折现率。

7.3.3.1　风险累加模型

风险累加模型是国内最常用的一种主观方法。其基本原理是投资者投资企业股权时,所要求的收益来自两个方面:一是无风险利率;二是对投资者所承担风险的补偿,即风险报酬率。投资企业要面临的风险包括经营风险、财务风险、行业风险和其他各种风险,将企业经营过程面临的各种风险进行量化并加以累加,就可以确定投资的风险报酬率,并进而确定投资报酬率即折现率。

其公式为:

$$r = R_g + R_p + R_f + R_t \tag{7-12}$$

式中: r ——投资报酬率;

R_g ——无风险报酬率;

R_p ——经营风险报酬率;

R_f ——财务风险报酬率;

R_t ——行业风险报酬率。

行业风险报酬率主要与企业所在行业的市场特点、国家产业政策等因素有关。在国外，评估机构可以根据权威机构定期公布的各行业的 β 系数和市场平均风险收益率，采取 β 系数法计算行业风险报酬率。经营风险由评估机构根据企业经营过程中的市场需求变化、生产要素供给条件变化及同类企业间竞争给企业未来预期收益带来的不确定性影响来判断确定。财务风险需要由评估机构分析企业经营过程中融资和资金周转可能出现的不确定性对企业预期收益的影响来确定。

风险累加模型目前在评估实务中得到广泛应用，赵邦宏等认为，除行业风险报酬率可以通过 β 系数计算得出外（我国目前尚无专门机构定期发布行业和企业的 β 系数，因此 β 系数法受条件制约使用尚不普遍），经营风险报酬率和财务风险报酬率都需要评估人员采用经验判断的方法予以确定，主观成分较大。同一评估项目，不同评估人员可能得出不同的评估结果，甚至评估结果之间差异较大（赵邦宏，2002；朱萍，2008）。

7.3.3.2 资本资产定价模型

资本资产定价模型（Capital Assets Pricing Model – CAPM）是以威廉·夏普为代表的经济学家于 20 世纪 60 年代创立的关于资本资产价格是如何在市场上决定的模型。该模型将资产的预期收益率与风险值 β 系数联系在一起，从理论上探讨了在多样化的资产组合中，如何有效地计算某种单项证券的风险，并说明在证券市场上风险是如何决定价格的。由于资产评估中的折现率是以被评估项目的投资报酬率为基础确定的，因此在资产评估领域，尤其是企业价值评估中，广泛应用资本资产定价模型（CAPM）来确定折现率。

在资本资产定价模型中，资本的报酬率（投资报酬率）的计算公式为：

$$r = R_g + (R_m - R_g) \times \beta \tag{7-13}$$

式中：r ——投资报酬率；

R_g ——无风险报酬率；

R_m ——市场平均收益率；

β ——企业(评估对象)的风险程度系数。

在企业价值评估中,市场平均收益率与无风险报酬率的差($R_m -$ R_g)就是股票市场风险溢价,即市场平均风险收益率。β 系数反映待评估企业股票相对于整个市场的相对风险,β 系数小于 1,则认为该企业风险收益率小于市场平均风险收益率;如果 β 系数大于 1,则认为该企业风险收益率大于市场平均风险收益率;β 系数越大,说明该公司股票相对于整个股票市场而言风险越高,波动越大,相应的风险报酬率也高。

β 系数的计算是资本资产定价模型应用的难点,可以利用市场数据采用回归测算法求得。随着我国证券市场的发展,已有专业的咨询机构(如 wind 网)测算公布证券市场的平均收益率和各上市公司股票的 β 系数。这些工作为资本资产定价模型在评估领域提供了更为便捷的应用。

7.3.3.3　套利定价模型

套利定价模型(APM)是由史提芬·罗于 1976 年提出的一个决定资产价格的一个均衡模型。套利定价模型认为,证券的实际收益除受市场证券组合变动的影响外,还要受市场中更多具有普遍因素的影响,如工业生产指数、实际利率、通货膨胀等。

在套利定价模型下,资本报酬率的计算公式为:

$$r = R_g + \sum_{i=1}^{n} (R_i - R_g) \times \beta_i \qquad (7\text{-}14)$$

式中:r ——投资报酬率;

R_g ——无风险报酬率;

R_i ——假定投资收益率只受第 i 项因素影响时的投资收益率;

β_i ——第 i 项因素的 β 系数。

由于套利定价模型对系统性风险有多种测定因素,而非单一因素,因此套利定价模型解释预期回报率比单一因素的资本资产定价模型更为准确。此外,套利定价模型还可进一步了解影响收益的相关风险类型及其影响程度。

7.3.3.4　其他方法

除上面介绍的方法外,通过风险报酬率确定资产报酬率的方法还有加权平均资本成本模型（WACC）法、专家打分法、经验判断法等方法。加权平均资本成本模型法把长期负债也作为资本投资的组成部分，根据股权资本和企业各种长期负债在总资本中所占比例，采用加权资金成本来确定折现率的方法。专家打分法和经验判断法都是由经验丰富、综合分析能力强的专家和评估人员对企业风险程度进行分析判断的方法，属于主观判断的方法，具有一定的实用性，但在评估报告中，很难表述出这种方法的科学依据，其公允性和科学性易受到质疑。

7.3.4　无风险报酬率的确定

从折现率确定的几种模型可知，无风险报酬率的确定是确定折现率的基础。无风险报酬率并不是一成不变的，它随着相关因素的变化而不断变化。影响无风险报酬率的因素主要有平均利润率、货币流动性及政府调节等。一般情况下，无风险报酬率是参照政府发行的国债利率或银行存款利率来确定。单从安全性角度出发，短期国债（3个月期限）被认为是最没有风险的投资对象，但由于评估通常涉及基于长期收益趋势的资产，因此选择中长期（1年或1年以上）国债利率或银行存款利率作为无风险报酬率更具可比性和相关替代性。

7.3.4.1　国债利率与银行存款利率的比较

国外相关资讯机构多以中长期国债利率作为无风险报酬率，而国内很多评估机构和研究人员倾向以银行存款利率作为无风险报酬率。确定以哪一种利率作为无风险报酬率，应从安全性和风险程度两个方面，分析我国国债和银行存款的基本特征和利率差异。此外，因为折现率是基于未来的预期收益率，所以无风险收益确定不能仅仅以现时的国债和银行存款利率为依据，还要综合考察分析国债和银行存款利率的变动趋势，来确定基于未来预期的无风险报酬率。

国债是以国家主权和资源作为信用基础发行的债券，因收益相对稳定，能够保证到期偿还，因而是信誉最高，安全性最好的投资品种。国债的安全性使得金融机构、企业和个人愿意持有国债，容易以当时的市场价格售出，所以国债的流动性也很强。基于安全型和流动性的优势，国债利率作为无风险报酬率是较科学合理的。在西方发达国家，国债利率低于同期银行存款利率，被公认是确定无风险报酬率的基准。

在我国，由于国有银行长期在金融领域居于绝对垄断地位，银行存款实质上也是以国家信用作为保障的。而改革开放初期发行国债的主要目的在于筹集建设资金，国债发行采用行政系统分配的方法，直到1994年才开始借鉴西方流行的承销方式发行。为确保发行任务，国债发行的利率也高于银行存款利率，以增强国债吸引力。在这个阶段，银行存款是公认的市场基准利率基础和无风险报酬率。

1999年9月我国国债的发行开始实现在银行间债券市场利率招标发行，利率开始相对开放。而同期我国开始大力推进国有银行的股份制改造，银行作为金融企业，其经营的不确定性和经营风险也被人们所认识。两方面的因素促进了我国国债逐步成为企业和个人的主要投资对象，也促进了国债利率的回归。到2002年3月发行的一期凭证式国债，国债利率首次低于银行存款利率，正式确认了国债利率作为资本市场基准利率的基础。

从银行利率变动情况表（表7-3）可以发现：1996年以前，我国银行存款利率较高，一年期存款利率保持在8%～11%之间波动；1996年8月以后，银行存款利率开始进入下降期，经过几轮利率调整，到1998年12月，一年期银行存款利率跌破4%，到2002年2月最低达到1.98%；从1999年到目前为止，一年期银行存款基本保持在2%～4%的区间波动。

通过对照同期银行存款和国债利率（表7-4）可以发现，2002年以后，国债利率基本都在同期银行存款利率水平之下运行，只有2007年12月到2008年10月期间由于美国金融危机爆发及人民币升值预期限制了人民币利率的调整，期间发行的国债利率高于同期银行存款利率。因此进一步印证了从2002年以后，国债利率更能代表市场基准利率的作用，也更适宜作为无风险报酬率。

表 7-3 金融机构人民币存款基准利率(年利率)变动表

Table 7-3　　changes in interest rates

调整时间	活期存款 (%)	定　期　存　款 (%)					
		三个月	半年	一年	二年	三年	五年
1991 年 4 月 21 日	1.8	3.24	5.4	7.56	7.92	8.28	9
1993 年 5 月 15 日	2.16	4.86	7.2	9.18	9.9	10.8	12.06
1993 年 7 月 11 日	3.15	6.66	9	10.98	11.7	12.24	13.86
1996 年 5 月 1 日	2.97	4.86	7.2	9.18	9.9	10.8	12.06
1996 年 8 月 23 日	1.98	3.33	5.4	7.47	7.92	8.28	9
1997 年 10 月 23 日	1.71	2.88	4.14	5.67	5.94	6.21	6.66
1998 年 3 月 25 日	1.71	2.88	4.14	5.22	5.58	6.21	6.66
1998 年 7 月 1 日	1.44	2.79	3.96	4.77	4.86	4.95	5.22
1998 年 12 月 7 日	1.44	2.79	3.33	3.78	3.96	4.14	4.5
1999 年 6 月 10 日	0.99	1.98	2.16	2.25	2.43	2.7	2.88
2002 年 2 月 21 日	0.72	1.71	1.89	1.98	2.25	2.52	2.79
2004 年 10 月 29 日	0.72	1.71	2.07	2.25	2.7	3.24	3.6
2006 年 8 月 19 日	0.72	1.8	2.25	2.52	3.06	3.69	4.14
2007 年 3 月 18 日	0.72	1.98	2.43	2.79	3.33	3.96	4.41
2007 年 5 月 19 日	0.72	2.07	2.61	3.06	3.69	4.41	4.95
2007 年 7 月 21 日	0.81	2.34	2.88	3.33	3.96	4.68	5.22
2007 年 8 月 22 日	0.81	2.61	3.15	3.6	4.23	4.95	5.49
2007 年 9 月 15 日	0.81	2.88	3.42	3.87	4.5	5.22	5.76
2007 年 12 月 21 日	0.72	3.33	3.78	4.14	4.68	5.4	5.85
2008 年 10 月 9 日	0.72	3.15	3.51	3.87	4.41	5.13	5.58
2008 年 10 月 30 日	0.72	2.88	3.24	3.6	4.14	4.77	5.13
2008 年 11 月 27 日	0.36	1.98	2.25	2.52	3.06	3.6	3.87
2008 年 12 月 23 日	0.36	1.71	1.98	2.25	2.79	3.33	3.6

资料来源：中国人民银行网站。

表 7-4   1994 ~ 2009 年国债发行利率变动表

Table 7-4   1994 ~ 2009 , changes in interest rates on treasury bonds

发行利率变动日期	期限	年利率	起息日
1994 年 4 月(凭证式)	3 年	13.96%	4 月 1 日 ~ 6 月 30 日
1995 年 3 月(凭证式一期)	3 年	14%	3 月 1 日 ~ 7 月 31 日
1996 年 5 月(凭证式)	5 年	13.06%	5 月 15 日 ~ 6 月 30 日
1997 年 3 月(凭证式)	2 年	8.64%	3 月 1 日 ~ 12 月 31 日
1997 年 3 月(凭证式一期)	3 年	9.18%	3 月 1 日 ~ 12 月 31 日
1997 年 3 月(凭证式二期)	3 年	9.18%	3 月 1 日 ~ 12 月 31
1997 年 3 月(凭证式二期)	5 年	10.17%	3 月 1 日 ~ 12 月 31 日
1998 年 2 月(凭证式)	3 年	7.11%	2 月 20 日 ~ 10 月 31 日
1998 年 2 月(凭证式)	5 年	7.86%	2 月 20 日 ~ 10 月 31 日
1998 年 10 月(第三次增发券)	3 年	5.85%	10 月 14 日 ~ 11 月 30 日
1998 年 10 月(第三次增发券)	5 年	6.42%	10 月 14 日 ~ 11 月 30 日
1999 年 3 月(凭证式一期)	3 年	4.72%	3 月 10 日 ~ 4 月 30 日
1999 年 3 月(凭证式一期)	5 年	5.13%	3 月 10 日 ~ 4 月 30 日
1999 年 7 月(凭证式二期)	3 年	3.02%	7 月 16 日 ~ 8 月 31 日
1999 年 7 月(凭证式二期)	5 年	3.25%	7 月 16 日 ~ 8 月 31 日
1999 年 10 月(凭证式三期)	3 年	2.78%	10 月 10 日 ~ 12 月 10 日
1999 年 10 月(凭证式三期)	5 年	2.97%	10 月 10 日 ~ 12 月 10 日
2000 年 3 月(凭证式一期)	2 年	2.55%	3 月 1 日 ~ 4 月 20 日
2000 年 3 月(凭证式一期)	3 年	2.89%	3 月 1 日 ~ 4 月 20 日
2000 年 3 月(凭证式一期)	5 年	3.14%	3 月 1 日 ~ 4 月 20 日
2002 年 3 月(凭证式一期)	3 年	2.42%	3 月 10 日 ~ 5 月 9 日
2002 年 3 月(凭证式一期)	5 年	2.74%	3 月 10 日 ~ 5 月 9 日
2002 年 7 月(凭证式二期)	3 年	2.07%	7 月 16 日 ~ 8 月 15 日
2002 年 7 月(凭证式二期)	5 年	2.29%	7 月 16 日 ~ 8 月 15 日
2002 年 9 月(凭证式三期)	3 年	2.12%	9 月 1 日 ~ 9 月 30 日
2002 年 9 月(凭证式三期)	5 年	2.36%	9 月 1 日 ~ 9 月 30 日

（续）

发行利率变动日期	期限	年利率	起息日
2002 年 11 月（凭证式四期）	3 年	2.22%	11 月 1 日～11 月 30 日
2002 年 11 月（凭证式四期）	5 年	2.48%	11 月 1 日～11 月 30 日
2003 年 2 月（凭证式一期）	3 年	2.32%	2 月 20 日～3 月 31 日
2003 年 2 月（凭证式一期）	5 年	2.63%	2 月 20 日～3 月 31 日
2004 年 3 月（凭证式一期）	3 年	2.52%	3 月 1 日～3 月 31 日
2004 年 4 月（凭证式一期）	5 年	2.83%	3 月 1 日～3 月 31 日
2004 年 6 月（电子记账凭证式三期）	2 年	2.40%	2004 年 6 月 10 日
2004 年 7 月（凭证式四期）	3 年	2.65%	7 月 1 日～8 月 31 日
2004 年 7 月（凭证式四期）	5 年	3.00%	7 月 1 日～8 月 31 日
2004 年 10 月（凭证式六期）	3 年	3.37%	10 月 29 日～11 月 30 日
2004 年 10 月（凭证式六期）	5 年	3.81%	10 月 29 日～11 月 30 日
2005 年 8 月（凭证式四期）	3 年	3.24%	8 月 1 日～9 月 30 日
2005 年 8 月（凭证式四期）	5 年	3.60%	8 月 1 日～9 月 30 日
2006 年 3 月（凭证式一期）	3 年	3.14%	3 月 1 日～3 月 31 日
2006 年 3 月（凭证式一期）	5 年	3.49%	3 月 1 日～3 月 31 日
2006 年 9 月（凭证式四期）	3 年	3.39%	9 月 1 日～9 月 30 日
2006 年 9 月（凭证式四期）	5 年	3.81%	9 月 1 日～9 月 30 日
2007 年 4 月（凭证式二期）	3 年	3.66%	4 月 1 日～4 月 30 日
2007 年 4 月（凭证式二期）	5 年	4.08%	04 月 1 日～4 月 30 日
2007 年 9 月（凭证式四期）	3 年	5.20%	09 月 6 日～09 月 30 日
2007 年 9 月（凭证式四期）	5 年	5.74%	09 月 6 日～09 月 30 日
2007 年 12 月（凭证式五期）	3 年	5.74%	12 月 5 日～12 月 20 日
2007 年 12 月（凭证式五期）	5 年	6.34%	12 月 5 日～12 月 20 日
2008 年 10 月（凭证式五期）	3 年	5.53%	10 月 20 日～11 月 4 日
2008 年 10 月（凭证式五期）	5 年	5.98%	10 月 20 日～11 月 4 日
2009 年 3 月（凭证式一期）	3 年	3.73%	03 月 16 日～3 月 25 日
2009 年 3 月（凭证式一期）	5 年	4.00%	03 月 16 日～3 月 25 日

　　资料来源：根据中国人民银行网站资料整理。

7.3.4.2　无风险报酬率的测算

由于我国的中长期国债利率都是以单利表示的年利率，而投资报酬率计算一般都是采用复利的形式，因此要将单利形式的年利率转换成复利形式的年利率。其计算公式为：

$$R_g = \sqrt[n]{(1 + n \cdot r_g)} - 1 \tag{7-15}$$

式中：R_g——复利形式的利率；

n——国债或银行存款年限；

r_g——单利形式的利率。

依据此公式，计算出 1998 年以后以复利形式表示的 3 年期和 5 年期国债利率变动情况表（表7-5）。

从转换后以复利形式表示的 3 年期和 5 年期国债年利率来看，经济波动及国家相应的宏观调控对当期的国债利率影响较大。2002～2003年经济低谷期，复利形式的 3 年期国债年利率在 2.3% 以下，5 年期国债年利率则在 2.5% 以下的低位运行；2007 年下半年至 2008 年中期经济见顶期间，复利形式的 3 年期和 5 年期国债年利率都达到了 5% 以上。

无风险报酬率是折现率确定的基础，而收益法评估大多数是对资产较长时期预期收益的折现，因此中长期国债利率只是无风险报酬率确定的基础和原则，不宜简单地以评估时的 3 年期或 5 年期国债利率作为无风险报酬率，而应在分析研究的基础上来确定。

本文认为可采用 2 种测算方法：一是平均数法，以 5 年期国债转换为复利的年利率为基准，计算出评估基准日前 5～10 年的平均利率，作为无风险报酬率；二是对比选择法，分析评估基准日利率所处的波动区间，若处于波动区间的下部，则选取当年 5 年期国债的利率作为无风险报酬率，若处于波动中部，则选取 3 年期国债利率作为无风险报酬率，若处于波动的波峰区域，则选择 1 年期银行存款利率作为无风险报酬率。

采用平均数法，选取 2000～2009 年 10 年的 5 年期国债转换为复利的年利率（若一年中有多次变动，则取年平均数），计算出 2009 年 6 月的无风险报酬率为 3.45%。

表7-5 1999～2009年国债发行利率复利转换计算表

Table 7-5 1999～2009, treasury bonds interest rate compounded Conversion Calculator

国债发行期	发行当期 1 年期银行 存款利率	3 年期国债		5 年期国债	
		票面年利率	折算复利 年利率	票面年利率	折算复利 年利率
1999 年 3 月	3.78%	4.72%	4.51%	5.13%	4.67%
1999 年 7 月	2.25%	3.02%	2.93%	3.25%	3.06%
1999 年 10 月	2.25%	2.78%	2.71%	2.97%	2.81%
2000 年 3 月	2.25%	2.89%	2.81%	3.14%	2.96%
2002 年 3 月	1.98%	2.42%	2.36%	2.74%	2.60%
2002 年 7 月	1.98%	2.07%	2.03%	2.29%	2.19%
2002 年 9 月	1.98%	2.12%	2.08%	2.36%	2.26%
2002 年 11 月	1.98%	2.22%	2.17%	2.48%	2.37%
2003 年 2 月	1.98%	2.32%	2.27%	2.63%	2.50%
2004 年 3 月	1.98%	2.52%	2.46%	2.83%	2.68%
2004 年 7 月	1.98%	2.65%	2.58%	3.00%	2.83%
2004 年 10 月	2.25%	3.37%	3.26%	3.81%	3.55%
2005 年 8 月	2.25%	3.24%	3.14%	3.60%	3.37%
2006 年 3 月	2.25%	3.14%	3.05%	3.49%	3.27%
2006 年 9 月	2.52%	3.39%	3.28%	3.81%	3.55%
2007 年 4 月	2.79%	3.66%	3.53%	4.08%	3.78%
2007 年 9 月	3.87%	5.20%	4.95%	5.74%	5.18%
2007 年 12 月	4.14%	5.74%	5.44%	6.34%	5.66%
2008 年 10 月	3.87%	5.53%	5.25%	5.98%	5.37%
2009 年 3 月	2.25%	3.73%	3.6%	4.00%	3.71%

采用对比选择法，目前的利率处于近10年利率波动的中部区域，选取2009年发行的3年期凭证国债利率，转换成复利形式，无风险报酬率确定为3.6%。

对比两种方法，本文认为，采用较长期间的平均数法能更好地消除经济波动引发的利率波动对预期投资收益率的影响，更适宜作为无风险报酬率的确定方法。

7.3.5　风险报酬率的估计

根据折现率确定的几种模型，风险报酬率确定的方法有风险累加法、资本资产定价模型法、套利定价模型法，其中资本资产定价模型和套利定价模型主要用于证券市场风险报酬率的确定，目前国内森林资源资产风险报酬率主要采用风险累加的方法确定。

7.3.5.1　用风险累加法测算风险报酬率

在国家国有资产管理局和林业部1996年发布的《森林资源资产评估技术规范(试行)》附件2"森林资源资产评估中利率的确定原则"中，从评估角度定义森林资源资产经营的风险包括：造林失败、火灾、病虫害及其他自然灾害以及人为破坏等风险，并建议"商品林经营中年风险率一般不超过1%"。

由此，在森林资源资产评估中，用累加法确定的风险报酬率即为造林失败风险率、火灾风险率、病虫害及其他自然灾害风险率和人为破坏风险率等4大类风险率的累加之和。这些风险率有的根据有关统计调查资料来加以确定，有的需根据经验加以估计。

陈平留、刘健(2002)在对福建省有关森林调查资料分析及经验判断的基础上，测算了福建省森林经营的各项风险为：

(1)造林失败风险率。根据福建省1993年森林连续清查结果，1988～1993年间，未成林造林地转有林地的概率为87%，再加上转火烧迹地的占3.25%(归火灾损失)，实际造林失败率为9.75%，按平均轮伐期30年计算，年均损失为0.325%。但由于其损失集中于前1～2年，后期的投资损失很小，而且商品林的造林损失也较低，因此，实际风险应低于0.325%。根据经验调整后，造林失败风险率确定为0.25%。

(2)火灾风险率。根据根据福建省南平地区调查资料，1975～1984年间，火灾损失率平均为0.134%，随后几年有所下降，从安全角度出发，火灾风险率取 0.15%。

（3）人为破坏风险率。人为破坏主要表现为盗伐，其造成的损失远高于森林火灾的损失，由于盗伐损失状况调查起来较为困难，因此根据经验，通常取火灾风险率的 3 倍，即 0.45%。

（4）病虫害及其他自然灾害损失率。病虫害及其他自然灾害的损失缺乏全面的长期的统计资料，因此很难准确估计，根据经验判断，采用火灾风险率来代替，其损失率定为 0.15%。

（5）根据以上四个方面的风险估计，福建省经营森林资源资产的风险率为：0.25% +0.15% +0.45% +0.15% =1%。

李萍（2001）根据对江西省的有关统计资料的研究，估算出江西省的造林失败风险率约为 0.25%，火灾风险率约为 0.1%（江西永新地区），人为破坏风险率按火灾风险率的三倍估算约为 0.3%，害虫害及其他自然灾害损失率与火灾损失率大致相同为 0.1%，另外增加了投资者对政策风险心理预期的风险率 0.35%。根据以上估计，经营森林的风险损失率为：0.25% + 0.1% +0.3% +0.1% +0.35% =1.1%。

在风险累加法的基础上，陈平留和李萍都采用了保险统计法对经营森林资源资产的风险率进行了进一步的修正（陈平留、刘健，2002；李萍，2001），其公式为：

$$R' = R_f \times (100 + R_g)/(100 - R_g) \qquad (7\text{-}16)$$

式中：R'——风险报酬率；

R_f——累加的风险率；

R_g——无风险报酬率。

运用此公式，如累加风险率为 1%，无风险报酬率采用前面用平均法所测算的 3.45%，保险统计法修正后，风险报酬率为 1.07%。

以上两项研究为我们应用风险累加法测算风险报酬率提供了参考，具体应用时应根据当地实际情况收集资料加以测算。应该注意的是，以上累加的风险中，造林失败损失只集中在前 2 ~ 3 年，林木郁闭成林后，几乎没有此项风险，因此如果用收益法评估中龄林的森林和林木资产，且经营期不超过 1 个轮伐期时，则在计算风险报酬率时，不应包括造林失败风险率在内。

7.3.5.2 用资本资产定价模型测算风险报酬率

资本资产定价模型和套利定价模型都是通过证券市场风险系数来确定其风险报酬率。套利定价模型由于目前在我国上市公司评估应用较少,在此不做深入的探讨,本文下面重点探讨用资本资产定价模型测算森林资源资产的风险报酬率。

根据资本资产定价模型,证券市场上企业的风险报酬率为证券市场的风险溢价与待评估企业股票相对于整个市场的相对风险(β 系数)的乘积。

(1)市场风险溢价的测算。应用资本资产定价模型时,证券市场的风险溢价是一定时期内股票的平均收益率与无风险收益率差额($R_m - R_g$)的平均值,反映了整个证券市场相对于无风险收益率的溢价。美国麦肯锡公司分析了 1974~1998 年和 1967~1998 年 30 年左右的时间段里标准普尔指数的年平均收益率与长期国债的年平均收益率的差额(风险溢价),在 2000 年初建议美国企业采用 4.5%~5% 的历史市场风险溢价进行估算(赵邦宏,2002)。我国证券市场时间较短,由于股票市场随经济周期而大幅波动,各年的指数收益率相差较大,所以测算其风险溢价时,应尽可能用较长时期(10 年以上)的数据资料,先计算出各年的风险溢价,然后计算出这个时期的风险溢价平均值作为证券市场的风险溢价值。

我国目前林业类上市公司有永安林业、吉林森工、景谷林业等 4 家,其中只有永安林业的主营业务以森林资源培育和木材生产为主,其他几家主营业务都为木材加工业。因此,按照证券市场风险溢价计算思路,选择了永安林业上市的深圳证券交易所的深证综合指数为样本,计算了我国证券市场 1999~2008 年 10 年的风险溢价(表 7-6)。

根据计算出的 1999~2008 年 10 年间各年的风险溢价,按照简单算术平均数计算,市场风险溢价为 16.5%。从表 7-6 也看到,我国证券市场各年的风险溢价差距过大,尤其是 2007 年和 2008 年,由于我国证券市场全流通改革、国内通货膨胀以及随后的国际金融危机三大因素影

表7-6   证券市场风险溢价计算表

Table 7-6   stock market risk premium calculation table

年份	深证综指（年底）	市场收益率	无风险报酬率（5 年期国债当年平均利率）	市场风险溢价
1998	343.85			
1999	402.18	16.96%	3.51%	13.45%
2000	635.73	58.07%	2.96%	55.11%
2001	475.94	− 25.13%	2.96%	− 28.09%
2002	388.76	− 18.32%	2.36%	− 20.68%
2003	378.63	− 2.61%	2.5%	− 5.11%
2004	315.81	− 16.59%	3.02%	− 19.61%
2005	278.74	− 11.74%	3.37%	− 15.11%
2006	550.59	97.53%	3.41%	94.12%
2007	1447.02	162.81%	4.87%	157.94%
2008	553.3	− 61.62%	5.37%	− 66.99%
				165.03%

　　表中深证综指数据来自深圳证券交易所网站，5 年期国债各年平均利率根据前页《1999～2009 年国债发行利率复利转换计算表》数据计算。

响，证券市场收益率出现了巨大的波动：2007 年比 2006 年市场收益率增长为 162.81%，2008 年相比 2007 年为 − 61.62%，2 年的算数平均收益率为 50.6%；而如果以 2 年为间隔期，2008 年末的 553.3 点仅比 2006 年末的 550.59 点增加 4.92%。因此采用简单算术平均数计算的风险溢价在市场出现巨幅波动的情况下，会出现高于正常取值范围的情形。如果去掉 2007 年和 2008 年过山车式的波动，以 1999 年到 2006 年 8 个年份的风险溢价算术平均数计算，证券市场风险溢价为 9.26%，相比美国企业 4.5%～5% 的历史市场风险溢价虽然偏高，基本符合新兴市场的特征。

　　如果采用几何平均数，1999 年到 2008 年各年的平均市场报酬率为

7.43% , 计算方法为: $[(1+13.45\%) \times (1+55.11\%) \times \cdots\cdots \times (1-66.99\%)]-1=7.43\%$ 。

按照国外风险溢价的计算思路, 公允的风险溢价应高于按几何平均数计算的结果, 低于算术平均数计算的结果。所以根据前面的计算结果, 用此思路加以综合, 证券市场风险溢价取 9.26% 和 7.43% 的平均值 8.35% 。

(2)β 系数及企业风险报酬率的测算。β 系数是说明上市企业相对于整个市场的风险系数, 如果 β 系数小于 1, 则认为该企业的风险收益率小于市场平均风险收益率; 如果 β 系数大于 1, 则认为该企业的风险收益率大于市场平均风险收益率; 当 β 系数等于 1, 表明对该企业的投资风险与市场平均风险相同。

β 系数的测算是资本资产定价模型应用的难点, 需要通过回归测算法来计算, 数据的搜集和计算都很繁琐。但近年来, 随着证券市场发展和资本资产定价模型应用的扩大, 有关咨询机构定期公布了我国证券市场各上市公司的 β 系数, 可以直接利用这些公布上市公司的 β 系数来计算该上市公司的风险溢价(风险报酬率)。

根据 wind 网数据查询, 永安林业的 β 系数为 0.64。据此测算, 永安林业企业股票的风险溢价为市场风险溢价与公司 β 系数的乘积, 即 $8.35\% \times 0.64=5.34\%$ 。

(3)将上市公司的风险报酬率折算成非上市公司的风险报酬率。通过资本资产定价模型计算出的风险报酬率是永安林业这家上市林业企业的风险报酬率。由于我国证券市场正处于发展初期, 上市公司是稀缺资源, 因此与非上市企业相比存在一定的溢价, 不能直接用上市林业企业的风险报酬率作为作为非上市林业企业资产评估的风险报酬率。

本文的思路是用上市企业的市净率指标来调整其风险报酬率。上市公司的市净率是其市价与净资产的比值, 反映了上市企业资产溢价的程度, 即每 1 元净资产对应的股价数额。用上市企业的风险报酬率, 除以该企业的市净率, 即可将上市企业的风险报酬率调整为非上市企业的风险报酬率。市净率指标可以选用评估时该上市企业前一期会计报告的资料计算其在评估基准日的市净率，也可以选用一定时期该上市企业市净率的平均数。根据永安林业 2009 年半年报，6 月 30 日该公司每股净资产为 2.22 元，当日的收盘价为 8.18 元，市净率为 3.6847。以永安林业的风险溢价除以市净率，计算出当地非上市木材生产与加工类林业企业的风险报酬率为 1.45%。

从以上测算过程及结果可以看出，采用资本资产定价模型测算森林资源资产的风险报酬率存在两个方面的问题：一是我国证券市场处于发展初期，市场发育程度不够，受政策影响大，造成市场波动过大，需采取一些方法加以处理；二是目前上市林业企业只有 4 家，可选择样本过少，且只有永安林业股份公司的主业为木材生产和森林资源资产经营，样本过少影响测算精度和可靠性，测算出的风险报酬率结果可能与实际存在一定的偏差。

虽然目前阶段资本资产定价模型的应用受条件所限，存在一定的局限性，但随着我国证券市场发展和森林资源资产经营业务发展，该方法的定量化测算，不受主观因素影响的优点会逐步显现。

7.3.6 森林资源资产折现率的确定

从折现率确定的方法可知，折现率为无风险报酬率与风险报酬率之和，无风险利率一般参照银行存款或国债利率确定，风险利率可以采用不同的模型来测算，依据确定风险报酬率的不同方法，把确定折现率分为不同的方法。

关于无风险报酬率，前面通过对银行存款和国债利率对比分析和变动情况分析，采用 2000 ~ 2009 年期间各年的 5 年期国债转换为复利的年利率(若一年中利率有多次变动，则取年平均数)，用 10 年平均数法，计算出 2009 年 6 月的无风险报酬率为 3.45%。

关于风险报酬率，分别采用风险累加法和资本资产定价模型探讨了森林资源资产的风险报酬率确定的方法。国内目前采用风险累加法估算的风险报酬率为 1% ~ 1.1%，本文采用资本资产定价模型法测算的风险报酬率为 1.45%。

根据以上分析测算结果，采取风险累加模型估算的森林资源资产的折现率为 4.55%（3.45% + 1.1% = 4.55%）；采用资本资产定价模型测算的森林资源资产折现率为 4.90%（3.45% + 1.45% = 4.90%）。由于我国证券市场波动过大，且存在上市公司中可供选择的企业样本过少的限制性因素，因此目前阶段采用风险累加模型估算折现率更接近于森林资源资产的实际。

森林资源资产折现率的估计除以上两种方法外，还可用经验估计方法来确定。综合本文的测算和其他学者的研究，森林资源资产折现率的合理取值范围在 4% ~ 6% 之间，具体评估时，评估师应考虑当时的投资环境及当地的实际情况，综合各方面因素，凭自己的经验来确定折现率。

在森林资源资产评估中确定折现率时，按照与收益相匹配的原则，还应当注意以下两个问题：

第一，关于通货膨胀因素。

在森林资源资产评估有关研究文章及评估实践中，测算森林经营的预期收益，主要是预测森林经营的产量指标，对产品价格及成本有关的技术经济指标没有预测其未来变化趋势，而是依据现时的数据作为固定指标，与预测的产量相结合来测算预期的经营收益。相对应的，这种类型的预期收益要求折现率确定时也相应地扣除通货膨胀的因素，这也体现了折现率与收益相匹配的原则。

为了使折现率不含通货膨胀因素，《森林资源资产评估技术规范（试行）》及相关森林资源资产评估的文献提出利率由经济利率、风险率和通货膨胀率三部分构成，经济利率（也称纯利率）采用国债年利率扣除当年的通胀率来计算。可见这里所说的经济利率，实际上是无风险报酬率减去通货膨胀率后的余额。

在无风险报酬率中比较准确地去除通货膨胀的数值是非常困难的，只能用一个经验估计值来作为纯利率，这使得折现率这个收益法评估的关键指标只能在经验判断的基础进行估算，其客观性和科学性都会受到质疑；且由于与正常的折现率或投资收益率的内涵不同，也容易造成误解。

为此，本文认为最好不要使用不变价格来测算预期收益，要尽可能搜集有关价格和成本资料，在预测未来价格走势的基础上，再与林分生长表或生长模型等林分生长量等数量预测相结合，来预测森林资源资产的正常预期收益。

第二，关于税收因素。

单项资产的交易，其收入测算一般不考虑所得税的因素，但作为企业的单项资产交易的净收益，还要并入企业财务报表，与企业其他收入支出合并后缴纳企业所得税。由于土地评估时测算土地净收益一般为所得税前收入，所以林英彦教授在确定土地还原利率时要从中扣除所得税的因素(详见本章 7.3.1.4 中有关内容)，也体现了折现率与收益相匹配的原则。

我国农村集体组织及林农个体的森林资源资产单项资产的交易一般不涉及所得税的问题。林业企业的森林资源资产交易则涉及所得税的问题，除了整体评估时的收益采用税后收益外，单项森林资源资产的收益大多是税前收益，因此在评估林业企业的单项森林资源资产时，预期收益要扣除应缴企业所得税；如果预期收益没有考虑所得税问题，在确定折现率时应考虑剔出所得税的因素。

7.4 本章小结

(1)收益法是将资产预期收益折现来计算资产评估价格的评估方法的总称，收益法是资产评估方法中较为科学合理的评估方法，在森林资源资产交易市场还不够活跃的情况下，收益法评估容易被资产业务各方接受，适合于林地资产和中龄林以上的林木资产和森林资产的评估。

关于收益法评估的方法，本文认为，林木资产评估的方法中，南方集体林区广泛应用的市场价倒算法，是通过估算林木资产采伐后的木材净收益来确定林木资产评估价的方法，应属于收益法的一种评估方法，不能简单从字面理解将其划归为市价法。此外，由于林地期望价法和年金资本化法两种林地资产评估方法都是以林地无限期经营为前提，而现实中林地使用权为非无限期经营，因此本文提出了非无限期的林地期望价和年金资本化法，适用于有使用期限的林地使用权评估。

（2）在森林资源资产收益法评估的各公式中，收获现值法和林地期望价法是针对某一具体林分和林地的评估，主伐收入的测算是关键环节，需要利用林分生长和收获模型预测林木主伐净收益，并要利用出材率表测算出不同规格商品材的出材量，根据不同规格木材产量和对应的销售价格来估算主伐收入。其他公式中，森林的净收益是年度森林经营的各项收入（包括主伐、间伐纯收入和其他森林多种经营纯收入）减去本年度营林生产营林生产及管护费用后的净盈余，且净收益主要指某一经营单位整体森林经营的净收益，而不是指某一具体林分的净收益。林地的净收益可以用名义地租来代替。

（3）折现率的确定对森林资源资产评估结果影响巨大，目前折现率测算多采用经验判断法，或者在折现率的测算过程中大部分靠经验判断，不能满足评估实务需求和评估科学的发展，应更多采用定量测算或定量与定性相结合的测算方法。折现率定量测算的各种方法都以无风险报酬率加风险报酬率为基础，根据风险报酬率测算方法不同而形成不同的折现率测算方法。

（4）无风险报酬率应以银行存款和国债利率为基准来确定，安全性高、流动性强为优先选择条件，并考虑短期经济波动和利率长期趋势。本文经过实证分析，认为可采用5年期国债转换为复利形式的年利率，并采用一定时期（5~10年）的平均数作为森林资源资产评估的无风险报酬率。

（5）风险报酬率可以用风险累加法和资本资产定价模型法测算，目前国内一般采用风险累加法测算，虽然比较直观，但有些风险项目要靠经验判断确定。本文探讨了用资本资产定价模型法测算森林资源资产风险报酬率的方法，并采用资本资产定价模型法对森林资源资产评估的风险报酬率进行了实证测算，虽然受目前我国证券市场波动过大和相关上市企业样本过少两个条件限制，资本资产定价模型法仍然显现了其定量化测算，受主观因素影响小的优点。

（6）折现率和收益额匹配应关注通货膨胀因素和税收因素，目前森林资源资产评估中采用不变价格预测收入，相应地要求折现率中扣除通货膨胀率，给折现率的测算带来困难和误解。应尽可能通过预测成本价格趋势来预测正常收益，与正常折现率相匹配。

第 8 章
森林资源资产转用价格探讨

前面森林资源资产评估市价法、成本法和收益法的评估方法及有关参数的研究都是按原用途继续经营前提下，基于正常市场的流转价格的评估。本章探讨森林资源资产转变用途的价格，即转用价格及其评估的有关问题。

8.1　森林资源资产转用价格

8.1.1　森林资源资产转用的概念

森林资源资产转用是指森林资源资产按照规定的审批权限审批后，改变原经营用途，转为建设用地和其他非林业用地的经济行为。作为资产业务的森林资源资产转用包括了产权的转移和利用方式的变更，具体形式有农村集体森林和林地转为国家建设用地，农村集体林转为农村集体建设用地和其他非林地，国有林转为建设用地和其他非林地等。

在林业用途内部发生的经营用途的转变，需要区别对待。如用材林经营转为经济林经营，属于原用途内经营方向的转变，不属于转用的类型；商品林转为公益林虽然仍为林业用途，但资产的经济运行方式已发生重大的改变，具有了转用的特征，如涉及产权流转，应按照转用价格予以评估。

作为资产评估的研究对象，这里主要以林地或森林转为建设用地来探讨森林资源资产转用价格的内涵及评估方法。

8.1.2 森林资源资产转用的法律环境

森林资源资产转用这一特殊资产业务源于我国的土地用途管制制度和森林资源保护政策。

我国《土地管理法》第四条规定,国家实行土地用途管制制度。"国家编制土地利用总体规划,规定土地用途,将土地分为农用地、建设用地和未利用地。严格限制农用地转为建设用地,控制建设用地总量,对耕地实行特殊保护。"并规定,"使用土地的单位和个人必须严格按照土地利用总体规划确定的用途使用土地"。在《土地管理法》中,农用地是指"直接用于农业生产的土地,包括耕地、林地、草地、农田水利用地、养殖水面等",在这里,林地被划归农用地的范畴,是国家实行土地用途管制的土地。依据《土地管理法》,农用地只有按照土地利用总体规划和国家规定的批准权限报批后方可转为建设用地,农用地转用的概念强调了农用地用途的管制。

《森林法》第十五条规定,符合条件的林地使用权可以依法转让,但不得将林地改为非林用地,在此也强调了林地用途的管制。《森林法》第十八条对建设工程征占用林地的,规定必须依法办理相关审批手续,并由用地单位缴纳森林植被恢复费,由林业主管部门统一安排植树造林,恢复森林植被,植树造林面积不得少于因占用、征用林地而减少的森林植被面积。在2000年1月修订的《森林法实施条例》中,对林地转为非林用地的两类情形进行了管理规范:其中第十六条对国家建设工程需要占用或者征用林地的,做出了管理规定;第十八条对森林经营单位在所经营的林地范围内,修筑直接为林业生产服务的工程设施需要占用林地的,以及修筑其他工程设施需要将林地转为非林业建设用地的两类情形,做出了相应的管理规定。

由此可见,虽然我国森林法及实施条例没有直接提出林地转用的概念,但其有关林地的管理条款已包含了林地转用的内涵。森林及林地用途的管制使得森林资源资产转用不同与一般的资产流转业务,而成为一类特殊的资产业务。

8.1.3   森林资源资产转用价格的产生

森林资源资产用途管制的法律环境产生了森林资源资产转用的概念，同样一块森林资源实物资产，由于转变用途后，其价值内涵和经济属性发生了根本性变化，因此价格也会发生很大的变化。基于森林资源资产转用这一特殊的资产业务与正常的资产业务的差别，可以将森林资源资产的价格类型划分为不改变用途的流转价格和改变用途的转用价格。把森林资源资产转用价格作为专门的价格类型，有利于深入探讨其价格构成，使森林资源资产评估建立更为科学的分类系统。

基于现代资产评估理论的森林资源资产评估是对其经济价值的评估，特征是以资产作为评估对象，以资产的经济收益为评估条件，以既定用途为评估原则，以市场交易价格为评估目标。当森林和林地通过审批转为建设用地和其他非林业用途时，评估的对象、原则及评估目标都发生了变化，因此价格类型及适用的评估方法都不同于按原用途继续经营的资产评估。

目前我国有关森林及林地价格的研究主要是森林资源资产的流转价格的研究，有关转用价格方面的研究文献很少，一般认为林地转用价格应按转用后新的土地利用类型及其适用评估方法进行评估（罗江滨、陈平留，2002）。

在生产要素可以完全自由流动，并按最佳用途配置的条件下，当资产用途发生了变化，可以按照新的用途进行资产估价。森林和林地不仅是重要的经济资源，也是最重要的生态资源，森林同时具有经济、生态和社会效益，保护森林资源，实现经济社会可持续发展已成为国家发展战略。对森林及林业用地实行用途管制是森林资源保护的重要措施，但用途管制限制了森林作为资产的流转范围和用途范围，因此森林资源资产评估的结果是森林资源资产在限定条件下的价格，并非完全意义上的市场价格。森林和林地用途管制带来的另外一个问题是行业壁垒的产生，当林地经过审批转为建设用地后，土地价格增值几十倍甚至上百倍，但原来的森林和林地经营者不能得到全部土地增值收益，只能得到有限的补偿，因此森林和林地的转用价格不能按转用后新的资产类型进行资产评估，只能在现有的法律框架内，采用有限补偿的思路评估其转用价格。

在森林资源资产转用的资产业务中，国家因建设需要征用农村集体林地最具典型性，其中包含了产权的完全转移、资产用途及资产实物形态的转变，因此林地征用价格在森林和林地转用价格中最具代表性。本章重点探讨林地征用价格的构成及其评估思路，其他转用价格可参照林地征用价格的补偿项目和价格评估方法，根据实际情况调整补偿项目和价格标准予以确定。

8.2 林地征用价格的评估

当国家因建设需要征用农村集体林地时，林地所有权性质由集体变为国家，林地用途由林业用途转变为非林业用地，林地征用价格即国家征用农村集体林地为国家建设用地的价格。根据我国的土地法律制度和政策，国家征用农村集体土地的征地价格主要是按照被征用土地的原用途对集体及农民的补偿，因此林地征用价格即征用方给予农村集体组织及林农的补偿价格。随着集体林权制度改革，林农产权保护意识增强，国家建设征占用林地的价格补偿问题的将凸显，林地征用价格概念的提出及研究将具有十分重要的意义。本文对照《土地管理法》关于征用农村集体土地补偿项目及标准的相关法律规定，并借鉴农用地征地价格的理论研究成果，探讨林地征地价格问题。

8.2.1 林地征用价格的有关法律规定

在我国土地管理的法律法规中，林地被划归为农用地的管理范畴，因此林地征用的补偿项目和补偿标准大部分是参照农用地征地补偿标准制定的。

对于征用农村集体土地的补偿项目，《土地管理法》第四十七条规定"按照被征收土地的原用途给予补偿。征收耕地的补偿费用包括土地补偿费、安置补助费以及地上附着物和青苗的补偿费"。《土地管理法》第三十一条规定"非农业建设经批准占用耕地的，按照'占多少，垦多少'的原则，由占用耕地的单位负责开垦与所占用耕地的数量和质量相当的耕地；没有条件开垦或者开垦的耕地不符合要求的，应当按照省、自治区、直辖市的规定缴纳耕地开垦费，专款用于开垦新的耕地"。根据以上规定，征用耕地的价格构成为：耕地征用价格 = 土地补偿费 + 安置补偿费 + 地上物和青苗补偿费 + 耕地开垦费。其中土地补偿费、安置补助费以及地上附着物和青苗的补偿费是直接对土地所有者的补偿，耕地开垦费是对社会的补偿。

对于征用农村集体土地的补偿标准，《土地管理法》在第四十七条规定了耕地征用补偿费用的各项补偿标准，包括：①土地补偿费，征用耕地的土地补偿费为该耕地被征前 3 年平均产值的 6 ~ 10 倍。②安置补助费，按照需要安置的农业人口数计算。需要安置的农业人口数，按照被征收的耕地数量除以征地前被征收单位平均每人占有耕地的数量计算。每一个需要安置的农业人口的安置补助费标准，为该耕地被征收前 3 年平均年产值的 4 ~ 6 倍。但是，每公顷被征收耕地的安置补助费，最高不得超过被征收前 3 年平均年产值的 15 倍。③土地上的附着物和青苗的补偿费，按实际情况予以相应的经济补偿。④对于征用林地及其他农用地，《土地管理法》没有具体的补偿标准，只是规定："征收其他土地的土地补偿费和安置补助费标准，由各省、自治区、直辖市参照征收耕地的土地补偿费和安置补助费的标准规定。"

对于征用林地的补偿项目，1993 年林业部第 1 号令发布的《林地管理暂行办法》第二十四条规定"应按规定向被占用、征用林地单位交纳林地补偿费、林木及其他地上附着物补偿费和安置补偿费，向县以上林业主管部门交纳森林植被恢复费"。对于补偿标准，在第二十五条规定"具体补偿标准和补偿办法由各省、自治区、直辖市规定"。对于森林植被恢复费，财政部、国家林业局于 2002 年印发了《森林植被恢复费征收使用管理暂行办法》(财综[2002]73 号文)，规定森林植被恢复费征收标准按照恢复不少于被占用或征用林地面积的森林植被所需要的调查规划设计、造林培育等费用核定，并制定了用材林林地、经济林林地、薪炭林林地、苗圃地收取 6 元/m² 森林植被恢复费的具体征收标准。

根据《土地管理法》关于征用耕地的补偿标准，各省份也制定了农用地征地补偿的具体标准。以下是南方集体林区几个典型省份关于农用地征地补偿的标准。

广东省 2006 年发布的《关于实施广东省征地补偿保护标准的通知》（粤国土资发〔2006〕149 号），按农用地的地区和利用类别制定了征地补偿（土地补偿费和安置补助费）的保护标准（表 8-1），其中林地征地补偿保护标准为耕地补偿标准的 30.7%。

表 8-1　广东省征地补偿保护标准（万元/hm²）

Table 8-1　Protection of Guangdong Province land compensation standard

地区 ＼ 类别	耕　地	园　地	林　地	养殖水面
一类	99.45	76.50	30.60	103.28
二类	76.05	58.50	23.40	78.98
三类	64.35	49.50	19.80	66.83
四类	58.50	45.00	18.00	60.75
五类	46.80	36.00	14.40	48.60
六类	42.90	33.00	13.20	44.55
七类	39.00	30.00	12.00	40.50
八类	33.15	25.50	10.20	34.43
九类	27.30	21.00	8.40	28.35
十类	23.40	18.00	7.20	24.30

福建省 2005 年发布的《福建省人民政府关于统一全省耕地年产值和征地补偿标准的通知》（闽政文〔2005〕592 号），将全省耕地（包括灌溉水田、望天田、山垅田、水浇地、旱地、菜地）的年产值划分为五等：一等每亩 1600 元，二等每亩 1500 元，三等每亩 1400 元，四等每亩 1200 元，五等每亩 1000 元。征收耕地，土地补偿费和安置补助费按该耕地年产值的 25 倍合并计算；青苗补偿费按该耕地年产值的 1 倍补偿。并规定，征收园地、林地、牧草地和其他农用地，其土地补偿费根据相

应等级耕地的土地补偿费的规定比例确定。按照《福建省人民政府关于加强征地补偿管理切实保护被征地农民合法权益的通知》(闽政〔2004〕2号)规定,征收林地的补偿费为水田的40%,经济林为水田的60%～70%,宜林荒山(不含采伐迹地)和未利用地为15%。

江西省2009年公布的《关于公布全省征地统一年产值标准和区片综合地价的通知》(赣府字〔2009〕22号),规定征用农村集体土地实施征地统一年产值标准和区片综合地价,其征地补偿标准由土地补偿费和安置补助费两部分构成,不含青苗补偿费、地上附着物补偿费和社会保障费用。耕地的征地补偿费(土地补偿费和安置补助费)按统一的产值标准,分地区类别不同规定了不同的补偿倍数,大部分地区为产值的19倍左右,最低为产值的16倍,最高达到28倍,征地补偿平均标准22684元/亩。林地征地补偿标准则参照耕地的标准,乘以一定的修正系数予以确定,其中用材林林地的修正系数不低于0.25,果园、茶叶园、人工高产油茶园经济林地修正系数不低于1.0,未利用地修正系数不低于0.15。同时规定国有农用地补偿安置参照以上规定执行。

综合以上国家、部门和地方法律法规,征用林地的价格构成为:林地征用价格＝林地补偿费＋安置补偿费＋林木和地上设施补偿费＋森林植被恢复费。其中林地补偿费、安置补助费、林木和设施补偿费三项是直接对林地及森林所有者的补偿,森林植被恢复费是对社会的补偿。

8.2.2　林地征用价格的相关研究

我国有关林地价格的研究主要集中在林地使用权流转价格方面,目前林地征用价格方面相关的专门研究文献较少,而农用地征地价格的理论研究取得了较大的进展。

国内农业经济研究学者认为,征用农村集体土地价格应包括土地的自然质量价格、社会保障价格、社会稳定价格(有的把社会保障价格和社会稳定价格合并为社会价格)和生态价格之和。其中自然质量价格就是农用地作为农用时的价格,也称农用地经济价格;农用地社会保障价格是对失去土地农民社会保障方面的补偿，由养老保障、医疗保障、教育及再就业保障等组成；农用地的社会稳定价格是对农用地转建设用地后不能继续生产粮食而失去社会稳定功能的补偿；农用地生态价格是对农用地转建设用地后失去其生态服务功能的补偿(燕新程，2003；谢建豪，2004)。

吴群(2002)结合《土地管理法》分析了农用地征用价格的构成，提出了农用地征用各项补偿费的经济意义：耕地补偿费体现的是农用地的质量价格，地上物和青苗补偿费体现的是地上物所用权价格，它们构成了农用地的收益价格，相当于农用地在农业内部流转的使用权价格；安置补偿费体现了对农民失去土地所有权的社会保障，是农用地的社会价格；耕地开垦费或耕地占用税体现的是农用地的生态价格。农用地所有权的征用补偿价格(农用地转用价格)由农用地收益价格(农用地内部流转价格)、农用地的社会价格及生态价格构成。燕新程(2003)认为，农用地转为建设用地，按《土地管理法》规定，占用耕地者应开垦同样数量和质量的耕地，或向国家缴纳耕地开垦费，由国家统一组织开垦，可视为农用地社会稳定价格；农用地的生态价值补偿在我国的法律中还没有体现，实际估价时可以不把它作为所有权价格的范畴。

除补偿价格之外，我国土地征用价格理论的难点是土地征用后，农用地转为建设用地产生的土地增值收益，面临农民、政府和开发商三者的博弈。周建春(2005)、喻燕(2008)等从产权角度研究了农用地征地价格，认为农用地征地补偿应包括农地直接产权和间接产权的补偿，间接产权补偿价格即对社会粮食安全权和生态安全权的补偿；直接产权补偿是对土地所有者的补偿，补偿价格除了土地作为生产资料的使用收益权和农民生存保障权价格外，还应包括发展权价格，即农用地与建设用地的差额部分。发展权价格的提出从理论上论证了作为土地所有者的农民应获得农用地征用转为建设用地后的土地增值收益。

在农用地理论研究成果的基础上，国土资源部2003年发布了《农用地估价规程》。作为农用地估价的行业标准，《农用地估价规程》关于农用地征地价格评估的方法中，除了根据《土地管理法》等法律法规的标准进行补偿安置的安置补偿法外，把综合法和市场比较法也作为农用地征地价格的评估方法。综合法把农用地价格、附属物价格和社会保障价格三者之和作为农地征地价格。农用地价格可以采用收益还原法等土地评估方法进行评估；作为土地附属物的建筑物和构筑物价格可利用重置成本法进行评估，青苗、树木、鱼类的补偿价格可根据各省、自治区、直辖市的有关补偿规定计算；社会保障价格可依据中国人寿保险公司个人养老保险费率计算。市场比较法即资产评估方法中的市价法，是选取三个以上的类似农用地征用价格作为参照物进行比较分析，确定征地价格的评估方法(国土资源部，2003)。

综合以上农用地征地价格的相关研究，可以从两方面分析农用地(包括林地)的征地价格构成。从土地所有者的角度，农用地征地价格为补偿价格，包括农用地自然质量价格及地上物补偿(农用地收益价格)、农用地社会保障价格两大部分；从征地者的角度，农用地的征用价格还应在对土地所有者补偿的价格基础上，再加上农用地的社会稳定价格(表现为向国家缴纳耕地开垦费)和农用地的生态价格(目前还没有具体法律规定)。关于土地转用后的增值收益，由于征地非完全市场行为，农用地征用转为建设用地后的市场价可能远远大于征地价格，农地征用后的土地增值收益有很大成分是由于政策性原因产生的，因此土地增值收益应该在征地价格中有所体现，但土地增值收益的分割问题从理论和实践层面都有待进一步研究。

8.2.3　林地征用价格评估

林地及其上的林木是林农重要的生产资料和生活来源，同时森林资源对国家经济发展和生态安全具有保障功能，林地征用后转为建设用地，使林农失去了重要的生产和生活依托，森林的生态功能也随之消失，因此征用林地的补偿应包含对林农的经济补偿、社会保障补偿以及对社会的生态补偿。相应的，林地征用价格应由林地收益价格(即林地及地上物的资产价格)、林地社会保障价格和林地生态补偿价格三大部分构成，林地征用价格可用公式表示为：

$$林地征用价格 = \frac{林地收益}{价格} + \frac{林地社会}{保障价格} + \frac{林地生态}{补偿价格}$$

上式中： $$林地收益价格 = \frac{林地资产}{价格} + \frac{林木资产}{价格} + \frac{其他地上物}{资产价格}$$

下面按林地征用价格的构成分别探讨其评估方法。

8.2.3.1　林地收益价格评估

　　林地收益价格是林地征用时对林地、林木及地上物等按资产属性，在继续经营的情况下估算的价格，即林地或森林的流转价格。林地收益价格是对林地所有者的经济补偿，林地收益价格可采用安置补偿法和评估法予以测算。

　　安置补偿法是按照各省、自治区、直辖市根据《土地管理法》制定的当地农用地及林地征地补偿的有关规定和标准来测算林地征用价格的一种方法。在《土地管理法》中，林地的收益价格是以土地补偿费和地上物补偿费的形式体现的。目前有些地方有关征地的地方法规中，把土地补偿费和安置补偿费合并计算，因此通过安置补偿法计算出的是林地的资产价格(不含林木及地上物)和社会保障价格之和，不必再单独计算林地的社会保障价格。安置补偿法操作简便，有地方法规为依据，但地方政府确定的补偿费标准往往偏低，该法适用于大面积林地征用时的评估。此外，林地上的林木资产由于是多年投入及经营的成果，不同于农作物的经营模式，因此无法参照青苗补偿费的标准测算，还需要用评估法评定估算。

　　评估法就是按前面森林资源资产评估的各种方法评定测算林地及林木资产的价格，在此不再详述。

8.2.3.2　林地社会保障价格评估

　　林地作为农村及林区一项重要的财产，不仅具有直接经济价值，而且具有间接的经济价值——社会保障价值，尤其是在南方集体林区，森林是林农生活和社会保障支出的重要来源。我国城镇社会保障体系虽已初步建立，但农村和林区还没有相应的社会保障，林地被征用后，林农在失去部分经济收入的同时，也失去了社会福利保障。在目前社会保障制度还没有普及到农村及林区的情况下，征地时对林农的社会保障进行补偿，构成了林地征用时社会保障价格的理论基础。林地收益价格是林地的资产价值或经济价值的体现，林地的社会保障价格是林地社会价值的体现。林地的社会保障价格可采用安置补偿法和替代法来测算评定。

安置补偿法是按照《土地管理法》及各省、自治区、直辖市制定的当地农用地及林地征地补偿的有关规定和标准来测算林地社会保障价格的一种方法。在《土地管理法》中，林地的社会保障价格以安置补偿费的形式予以体现，安置补助费根据需要安置的人口数，以及每一个需安置的人口的补助标准（为该耕地被征收前3年平均年产值的4~6倍）来计算。对于土地补偿费和安置补偿费合并补助标准的地方，则不需要单独计算安置补助费。

除安置补偿法外，国土资源部2003年发布的《农用地估价规程》中，将替代法作为农用地社会保障价格的评估方法，即用社会保障费用趸缴金额替代征用农地的社会保障价格。根据《农用地估价规程》，社会保障价格指农民失去土地后，获得最低生活保障所需资金，可依据中国人寿保险公司个人养老、失业、医疗等社会保险费率测算的社会保险金额替代拟征用林地的社会保障价格。其测算方法如下：

（1）测算人均社会保障价格，其计算公式为：

$$Y = (Y_m \times b + Y_w \times c) \times M_1/M_0 \tag{8-1}$$

式中：Y——人均社会保障价格（可保障农民基本生活水平的保险费趸缴金额）；

Y_m——男性公民保险费趸缴金额基数；

Y_w——女性公民保险费趸缴金额基数；

b——男性人口占总人口的比例；

c——女性人口占总人口的比例；

M_1——农民基本生活费（月保险费领取标准）；

M_0——月保险费基数。

以上是人均社会保险费用替代法的基本公式，实际测算时，根据中国人寿保险公司的费率政策，不同年龄组的保险费趸缴金额基数不同，因此需要采用公式(8-1)先计算征地区域内不同年龄组的人均社会保障价格，然后再采用加权平均法计算人均社会保障价格。

（2）计算单位面积农用地社会保障价格：

$$P_s = (A_m / A_a) \times Y \tag{8-2}$$

式中：P_s——被征农用地（林地）单位面积的社会保障价格；

A_m——被征用农用地（林地）面积；

A_a——人均农用地面积；

Y——人均社会保障价格。

本文认为，公式(8-2)采用的是林地和其他农用地按面积平均分担社会保障费的计算方法。由于林地的生产力低于耕地，前面 8.2.1 林地征地价格的有关法律规定章节中介绍了南方几个省份依据土地产值测算的农用地补偿价格，林地为耕地的 30% 左右，因此林地不应与耕地按面积平均分担社会保障费。可以采用按征地区域林业收入占整个农用地收入的比重来分担社会保障费的方法。依据此思路，可对公式(8-2)进行如下调整：

$$Y_f = (E_f / E_t) \times Y \tag{8-3}$$

式中：Y_f——征地地区林地承载的人均社会保障价格；

E_f——征地地区林地上取得的收入；

E_t——征地地区农用地取得的总收入；

Y——人均社会保障价格，同公式(8-1)。

$$P_s = (F_m / F_a) \times Y_f \tag{8-4}$$

式中：P_s——被征林地单位面积社会保障价格；

Y_f——征地地区林地承载的人均社会保障价格，同公式(8-3)；

F_m——被征林地面积；

F_a——征地地区人均林地面积。

8.2.3.3 林地生态补偿价格评估

除了经济价值和社会价值外，森林还具有维护生态环境的功能，诸如涵养水源、保持水土、吸收有毒有害气体、阻滞粉尘和减低噪声、防风固沙、调节气候等，对改善生态环境、维护生态平衡起着决定性的作用。大面积毁坏森林会给当地乃至全社会的生态环境造成巨大破坏。林地征用转为建设用地后，森林具有的生态服务功能就会消失，征用林地应向社会补偿因森林生态服务功能消失而带来的损失，因此林地征用价格中应包括森林的生态补偿价格。

林地征用价格中的生态补偿价格可采用两种途径测算：一是森林生态效益评价法，通过测算当地单位面积森林生态效益的经济价值，作为林地征用的生态补偿价格；二是采用影子工程法，以重新营造森林所需费用代替拟征林地的生态服务功能损失作为林地的生态补偿价格。

（1）森林生态效益评价法。森林的生态服务功能及其效益评价是目前森林评价的研究重点，国内外的研究成果很多。森林生态效益评价一般采用替代市场和影子价格的方法，以替代物的市场价格作为某项生态效益的影子价格测算其经济价值；对于难以找到影子价格的，采用环境价值评估的个人消费偏好和替代原理为评估理论，用支付意愿和接受补偿意愿的方法测算其经济价值（A·迈里克·弗里曼，2002）。国家林业局 2008 年发布了《森林生态系统服务功能评估规范》（LY/T1721—2008），作为我国森林生态环境效益评价的行业标准，该规范把森林生态系统的服务功能划分为调节气候、涵养水源、保育土壤、固碳制氧、积累营养物质、净化大气环境、保护生物多样性、森林游憩 8 个方面，这些服务功能可分别采用市场价值法、费用支出法、碳税法、替代费用法、影子工程法、条件价值法等评估方法评估其生态价值（国家林业局，2008）。

采用森林生态服务功能价值来测算林地征用的生态补偿价格时应注意两点：一是按照《森林生态系统服务功能评估规范》一般评估出的是某一区域一定时期（一年）森林生态效益的价值量，征地时如作为一次性补偿的价格，应将预期以后各年的生态效益价值以一定的资本化率予以资本化；二是森林生态服务功能的 8 个方面是否全部作为林地征用的生态补偿价格的内容也有待探讨。如森林的保育土壤、积累营养物质是森林对其生长林地的服务功能，森林游憩价值是开展森林旅游业实现的经济收入，这些服务功能并非完全的外部性，其经济价值已体现在森林和林地的收益价格中，转为建设用地时，不需要对其进行社会补偿，因此3个方面的生态服务功能，其价值不应计入林地征用的生态补偿价格之中。

2007年中国林科院生态所等单位依据《森林生态系统服务功能评估规范》完成了《河南省林业生态效益价值评估》，测算出2006年河南省森林的生态效益总价值为2313.62亿元，当年的森林面积为4159360hm²，单位面积生态效益价值为5.56万元/hm²，森林生态效益分类型构成情况见表8-2（国家林业局中国森林生态系统定位研究网络中心等，2007）。如以其为基础测算河南省林地征用生态补偿价格，减去保育土壤、积累营养物质及森林游憩3个方面的生态效益价值，森林生态效益总价值为2107.71亿元，单位面积森林生态效益价值为5.07万元/hm²，以5%的资本化率资本化后，其价值达到101.4万元/hm²。这个标准超过了广东省一类耕地99.45万元/hm²的征地补偿保护标准。显然，以森林生态服务功能价值作为征用林地的生态补偿价格，在目前的情况下还不太现实。

表8-2 2006年河南省森林生态效益类型构成表

Table 8-2 **The forest ecological benefit type of Henan Province in 2006**

涵养水源	保育土壤	固碳制氧	营养物质积累	净化环境	生物多样性保护	农田防护	节能减排	森林游憩	合计
727.91	99.93	575.17	19.93	86.88	511.94	145.59	60.22	86.05	2313.62

资料来源，《河南省林业生态效益价值评估》，国家林业局中国森林生态系统定位研究网络中心等，2007：80。

（2）影子工程法。影子工程法是假定重新营造同样功能和面积的森林代替征用林地的生态服务功能，以其所需费用作为征用林地的生态补偿价格。影子工程法的内容与森林法及实施条例提出的征用林地要"按照国家规定的标准预交森林植被恢复费"是一致的。

根据财政部、国家林业局关于印发《森林植被恢复费征收使用管理暂行办法》（财综[2002]73号文），森林植被恢复费征收标准按照恢复不少于被占用或征用林地面积的森林植被所需要的调查规划设计、造林培育等费用核定。具体征收标准为：①用材林林地、经济林林地、薪炭林林地、苗圃地，收取森植被恢复费 6 元/m²；②未成林造林地，收取 4 元/m²；③防护林和特种用途林林地，收取 8 元/m²，国家重点防护林和特种用途林地，收取 10 元/m²；④疏林地、灌木林地，收取 3 元/m²；⑤宜林地、采伐迹地、火烧迹地，收取 2 元/m²；⑥城市及城市规划区的林地，可按照上述规定标准的 2 倍收取。

张少根等（2005）认为，根据财政部、国家林业局制定的《森林植被恢复费征收使用管理暂行办法》，森林植被恢复费按地类收取，其林种划分标准与国家林业局 2003 年发布的《森林资源规划设计调查主要技术规定》存在一定差异，造成森林植被恢复费的计算结果，经常因林种和地类难以协调而大不一致，建议按公益林和商品林分别制定征收标准。

本文认为，征用林地按照恢复不少于被占用或征用林地面积的森林植被所需要费用预交森林植被恢复费，其经济性质类似于按影子工程法测算的林地生态补偿价格，除林种与地类划分标准与国家技术标准保持一致外，森林植被恢复费的征收标准也应更加科学：一是按不同经济区域制定费用标准，如南方集体林区与西北地区的营林成本很大差异，费用标准也应有所不同；二是费用标准根据当地平均水平测算，当平均费用变化较大时，应及时更新森林植被恢复费的征收标准；三是费用测算期间从整地造林到幼林郁闭开始发挥生态效益为止，以整地造林为基准年，以后各年的投入成本按一定的折现率折现到基准期。

采用影子工程法测算征用林地的生态补偿价格，方法相对简便，也容易为社会所接受。但影子工程法测算的补偿价格不包括重新造林购置林地的费用以及从造林到林分郁闭开始发挥生态效益期间的生态效益损失价值，从理论上讲，是非完全补偿价格，因此存在价格水平偏低的问题。

8.3 关于森林资源资产转用价格的进一步探讨

除国家建设征用农村集体森林和林地外，森林资源资产转用还包括农村集体林转为农村集体建设用地和其他非林地，国有林转为建设用地和其他非林地等。

农村集体林转为农村集体建设用地及其他非林地，因不涉及林地所有权的转移，土地性质仍为农用地，林地转用后失去的社会保障功能由新的土地利用项目承担，因此与林地征用价格相比，其转用价格中不包含社会保障价格，主要由林地收益价格和生态补偿价格构成。

国有林转为建设用地和其他非林地，往往伴随产权在不同法人主体之间的转移。国有林的林地所有权归国家，林业经营单位只拥有使用权，但国有林经营单位对国有林地的使用权是无偿和无限期的，林区国有林业单位的社会保障也刚刚起步，因此国有林转为建设用地的转用价格应和林地征用价格一样，由林地收益价格、林地社会保障价格和生态补偿价格三大部分构成。

商品林转为公益林虽然不是严格意义上的森林资源资产转用，但涉及产权转移时，应采用转用价格的思路进行评估。

商品林转为公益林并涉及产权转移的资产业务主要发生在旅游开发领域。在现实经济活动中，政府为开发旅游资源，将某一适宜开发旅游的区域规划为风景区，景区内的商品林转为风景林（根据国家林业局2003 年发布的《森林资源规划设计调查主要技术规定》，风景林属于生态公益林），并由景区开发单位向原森林经营单位购买产权。著名的九寨沟景区开发就属于此类资产业务。虽然风景林也是林业用途之一，森林资源资产是在大林业内部的转用，性质上不属于资产转用业务，但由于资产的经济运行方式已发生重大的改变，具有了转用的特征，又涉及产权流转，应参照转用价格予以评估。评估价格为森林资源资产的收益价格（流转价格）与林地的社会保障价格之和。商品林划为风景林后，生态效益没有损失，因此价格构成中不包含生态补偿价格。

　　《森林资源资产评估技术规范(试行)》将森林景观资产作为一类特殊资产,评估方法包括现行市价法、收益现值法(包括年金资本化法和条件价值法)、重置成本法,各种评估方法所采用的技术经济参数主要以旅游收入为基础进行测算。我们可以视其为森林转用后按新的资产类型进行的评估,如同农用地征用完成后按新的用地类型(住宅用地、工业用地、商业用地等)进行评估是一样的。森林景观资产评估的方法适用于森林公园的评估、风景名胜区和旅游度假区内风景林的评估。

第9章
结论与建议

9.1 研究结论

针对我国林权制度改革后，森林资源资产流转业务不断扩大对森林资源资产价格评估提出的现实需求以及我国森林资源资产评估研究相对滞后的现状，本研究以完善森林资源资产评估理论和方法体系为目的，对森林资源资产的价格基础、价格特征、价格类型及价格影响因素等价格理论问题进行了分析研究，并以理论研究为基础，对现行的森林资源资产评估方法进行了系统深入的研究，在评估方法分类、方法的改进以及关键技术经济参数的内涵及确定方法等方面提出了新的观点和改进意见。本研究主要结论如下：

（1）森林资源资产是具备了资产属性和特征的森林资源，即在现有认识和科学水平条件下，进行经营利用，能给其产权主体带来一定经济利益的森林资源。在目前条件下，只有商品性森林资源，包括划归商品林的森林、林木、林地以及国家允许进行市场开发的部分生态公益林（如景观林资源等）可以划归为森林资源资产；公益性森林资源，包括森林生态及环境资源、林内野生动植物资源以及划定为生态公益林且不允许进行市场开发的森林、林木、林地等，不能归为森林资源资产的范畴。森林资源资产可分为林木资产、林地资产以及林木与林地合一的森林资产，森林景观资产是森林资产的一种特殊表现形态。

（2）本文用马克思政治经济学的劳动价值论、生产价格理论和地租理论分析探讨了森林资源资产的价值与价格，基本观点为：①森林资源资产的价值就是其生产和再生产中凝结的人类的一般劳动。②人工林具有价值，但直接决定价格的因素是生产价格。人工林的生产价格是价值的转化形式，人工林的价格以生产价格为基础，受供需影响而波动。人工林林木资产的生产价格包括林木生产过程中转移的生产资料价值、林木生产过程中投入劳动创造的新价值以及林业生产部门的平均利润。③林地和天然林的价格基础不是价值，而是资本化的地租，林地和天然林的价格以资本化的地租为基础，受供需影响而波动。由于林地供给总量的有限性，供需关系对价格的影响以需求为主。

（3）目前我国实行土地用途管制制度和森林资源保护政策，使得森林资源资产流转和产权变动分为两大类型：一类是在不改变林地用途、基于市场行为的资产流转和产权交易，另外一类是改变林地用途的特殊资产交易类型。相应的，森林资源资产价格可以分为流转价格和转用价格两种价格类型：流转价格是森林资源资产在不改变用途的前提下在不同经营主体之间发生产权流转等资产业务时的价格，是市场交易价格类型；转用价格是森林资源资产按规定的审批权限报批后，转变经营用途的价格，是非市场交易价格类型。森林资源资产价格的影响因素包括林地的生产力因素、区位因素、林分质量因素、营林成本与林产品市场价格因素、社会经济因素等。

（4）森林资源资产评估可分为市价法、成本法和收益法三类基本方法。市价法是选择近期内已经发生的同类资产交易价格作为参照物，通过对比评估对象与参照物差异因素，调整估算待评估资产价格的评估方法。参照物选择的原则：一是与待评估森林资源资产具有较强的相关性，应选择与待评估森林资源资产处于同一地区(市)、同一立地亚区，且树种和林龄相同的成交案例作为参照物；二是要求选定一定数量；三是交易案例合法、资料来源可靠。森林资产的差异调整包括林分质量调整、立地质量调整、地利等级调整三项森林质量因素的差异调整以及交易时间、林地使用权剩余年限等其他因素的差异调整；林木资产的差异调整包括林分质量调整、地利等级调整两项森林质量差异调整以及交易时间差异调整；林地资产的差异调整包括立地质量调整、地利等级调整两项林地质量差异调整以及交易时间差异调整、林地使用权剩余年限差异调整。市价法适用于在市场发育比较完备，森林资源资产交易案例较多的情况下使用。

（5）成本法是以森林资源资产的营造或购建成本来估算资产价值的评估方法。现行的林木资产评估成本法，采用的是按评估时的成本价格标准，采用复利法计算重置成本，要求利率不含物价变动因素。从理论上说，由于林木资产经营期较长，使得重置成本计算发生时间延后，因此，林木资产评估不适宜采用重置成本法。基于以现时价格标准计算重置成本在理论上的缺陷和特殊利率计算在实际操作中的缺陷，本文提出了以林木营造和培育的历史成本资料为基础的林木资产评估方法——成本调整法。

林木资产评估的成本法中，成本费用应以当地的平均营林成本或标准成本为基础进行测算，且成本项目中应不包括林地使用费，因为林地使用费累计复利实质上是一定期限林地使用权的价格，评估出的结果是包含林地使用权在内的森林资产的价格。利率是把发生在不同时间点的成本费用调整为评估时点的成本费用的时间价值调整指标，成本法中的利率是总资产收益率的概念，已经包含了利息和利润，因此不需要再单独计算利息和利润。

（6）收益法是通过森林资源资产预期收益来计算其评估价的资产评估方法，包括以当年采伐后的木材净收益来确定林木资产价格的方法、森林资源资产有限期净收益折现的评估方法和永续收益资本化的评估方法。现行的林地期望价法和年金资本化法两种林地资产评估方法都是以林地无限期经营为假设前提，根据我国林地使用权有限期经营的现状，评估林地使用权应使用经过修正的非无限期林地期望价和年金资本化法。

折现率是森林资源资产收益法评估的关键指标，一般以无风险报酬率加上风险报酬率为基础测算。无风险报酬率一般以银行存款和国债利率为基准来确定，以安全性高、流动性强为优先选择条件，并考虑短期经济波动和利率长期趋势。本文经过实证分析，选用 5 年期国债转换为复利形式的年利率，并采用一定时期(5~10年)的平均数作为森林资源资产评估的无风险报酬率。风险报酬率可以用风险累加法和资本资产定价模型法测算，目前国内一般采用风险累加法测算，虽然比较直观，但有些风险项目要靠经验判断确定；本文探讨了用资本资产定价模型法测算森林资源资产风险报酬率的方法，并进行了实证研究，虽然受目前我国证券市场波动过大和相关上市企业样本过少两个条件限制，仍然显现了其定量化测算，受主观因素影响小的优点。

(7)森林资源资产流转价格是森林资源资产在限定林业用途条件下的价格，并非完全意义上的市场价格。在我国的法律框架下，转用价格不是转用后资产新用途的价格，而是有限补偿价格。林地征用价格是最有代表性的转用价格，本研究认为，林地征用价格由林地收益价格、林地的社会保障价格和林地的生态补偿价格构成，林地收益价格是林地及林木在继续经营的情况下的价格，即林地或森林的流转价格，林地收益价格是对林地所有者的经济补偿；林地的社会保障价格是林地社会价值的体现，是对林地所有者的社会保障补偿；生态补偿价格是林地生态价值的体现，是林地征用单位对社会的生态价值补偿。通过分别测算构成林地征用价格的各项价格可确定林地征用价格。以林地征用价格为基础，可以通过分析其他转用价格的构成来测算其转用价格。

9.2 本研究的创新点

本研究选择现实中急需解决的森林资源资产价格理论和评估方法问题进行研究，在研究领域上与选题上有一定的特色。以前森林资源资产评估的相关研究主要是评估方法的应用研究，本研究结合森林资源资产的特点对森林资源资产评估的理论和评估方法进行系统研究，并力求有所提升，这是本研究选题的特色之处。

在对森林资源资产概念和内涵及森林资源价值价格理论分析研究的基础上，提出了流转价格和转用价格的价格分类，提出了森林资源资产转用价格的构成及评估思路，并将森林资源生态环境评价的方法应用到转用价格的评估中，找到了森林资源资产评估与森林生态环境效益评价的结合点，这是本研究在理论上的创新之处。

以我国现行的《森林资源资产评估技术规范（试行）》为研究主要对象，对森林资源资产的评估方法进行了系统研究，分析了重置成本法的缺陷，完善了评估方法及其分类体系，并探讨了森林资源资产评估中关键技术经济参数确定的思路和技术要点，其中许多观点是首次提出，在评估方法层面进一步推进了我国森林资源资产评估的发展。

9.3 建　议

森林资源资产评估是一项复杂的研究课题，本文只是选择一些目前急需解决的理论和方法问题进行了研究。由于学识和能力所限，本研究无论在理论研究还是方法探讨方面仍有疏漏与不足之处，许多问题还没有达到预期的研究深度。通过本研究，本人认为关于森林资源资产评估的研究，下一步需要重点加强以下两个方面研究：

（1）进一步开展林地质量等级的研究。目前主要以立地指数和地位级划分林地的立地质量，而这两项指标都是树高来表示的，只能用于有林地立地质量等级划分，无法用于无林地和经济林地立地质量划分；此外，林地所处地区的社会经济条件和交通运输条件这些林地质量的重要影响因素，还没有等级划分标准。因此，需要综合多因素进行林地质量分等定级研究，为林地产权流转价格评估和管理提供基础性工作。

（2）进一步加强森林资源资产转用价格的研究，研究重点包括：①研究不同等级立地条件的林地征用补偿标准，完善地方征地法规。②研究基于森林转用情况下的森林生态效益补偿标准，目前林业经济界研究的森林生态效益价值以及公益林生态补偿标准问题，主要是研究国家和社会对林业的补偿问题；而基于森林转用的生态效益补偿则是研究转用后经济受益单位对国家和社会的补偿问题，因此项目和标准要更多地考虑能被社会各方所接受。③研究林地转用后增值部分的合理分割问题，即林地发展权的评价问题。

参考文献

[1] A·迈里克·弗里曼. 环境与资源价值评估：理论与方法[M]. 北京：中国人民大学出版社，2002

[2] B·M·依万纽塔等. 森林的经济评价. 张建国译. 北京：世界林业研究. 1983 (4)：62~64

[3] C·B·巴伊扎科夫. 森林资源经济评价[M]. 陈秀颜，陈国明译. 北京：中国林业出版社，1989

[4] 财政部，国家林业局. 森林植被恢复费征收使用管理办法[Z]，2002

[5] 财政部. 资产评估准则—基本准则[R]. 2004

[6] 财政部会计司编写组. 企业会计准则讲解－2006[M]. 北京：人民出版社，2007

[7] 曹辉，陈平留. 论森林景观资产评估[J]. 林业资源管理. 2002(1)：41~44

[8] 曹建华，王红英. 商品林经营－环境与经济分析及政策[M]. 北京：中国林业出版社，2004

[9] 陈波，支玲，邢红. 中国森林生态效益补偿研究综述[J]. 林业经济问题，2007 (1)：6~11

[10] 陈美颜. 森林资源资产评估抵贷问题的研究[J]. 林业财务与会计，2005(6)：44~45

[11] 陈平留，陈隆安. 森林资产评估中的利率确定[J]. 林业经济，1994(6)：72~76

[12] 陈平留，林杰等. 用材林资产评估初探[J]. 华东森林经理，1994(3)：42~47

[13] 陈平留，刘健. 森林资源资产评估运作技巧[M]. 北京：中国林业出版社，2002

[14] 陈思源，曲福田，倪绍祥. 农用地转用价格评估方法研究[J]. 地域研究与开发. 2005，24(3)：85~89

[15] 董建才主编. 马克思主义经济学新论[M]. 北京：经济管理出版社，2006

[16] 国家国有资产管理局，林业部. 关于加强森林资源资产评估管理工作若干问题的通知[Z]. 1997

[17] 国家国有资产管理局，林业部. 森林资源资产评估技术规范(试行)[Z]. 1996

[18] 国家林业局. 森林生态系统服务功能评估规范(LY/T1721—2008)[S]. 2008

[19] 国家林业局. 森林资源规划设计调查主要技术规定[Z]. 2003

[20] 国家林业局. 中国森林资源调查报告：第七次全国森林资源清查[M]. 北京：中国林业出版社，2009

［21］郭进辉. 南平用材林林地资产动态评估的研究［D］. 福建农林大学硕士论文，2004

［22］国土资源部. 农用地估价规程(TD/T1003—2003)［S］. 2003

［23］杭春华. 森林资源景观功能价值分析［J］. 2004，31(5)：50～52

［24］何美成，吴满员. 福建省征占用林地管理的调查研究林业资源管理. 2004，(5)：16～20

［25］侯元兆. 中国森林资源核算研究［M］. 北京：中国林业出版社，1995

［26］黄和亮. 林地资源的价格体系研究［J］. 林业经济问题，2006(3)：234～236

［27］黄金玲. 林地资产评估［J］. 中南林业调查规划，1996(2)

［28］霍振彬，王宏伟. 我国森林资源资产评估现状分析［J］. 中国资产评估，2007(6)：12～14

［29］江玲. 林地基准地价评估的研究［D］. 福建农林大学硕士论文，2008

［30］金德凌. 森林资源资产核算的新思潮－环境会计［J］. 林业经济问题，2000，20(4)：217～219

［31］金德凌，江希钿. 经验收获表及其在用材林资产评估中的应用［J］. 福建林学院学报. 2001，21(1)：36～39

［32］井上由扶著，于政中译. 森林评价［M］. 北京：中国林业出版社，1987

［33］亢新刚. 森林资源经营管理［M］. 北京：中国林业出版社，2001

［34］孔繁文，何乃惠. 林价理论与应用［M］. 北京：经济科学出版社，1991

［35］孔繁文，何乃蕙. 森林资源核算与国民经济核算体系［M］. 北京：人民中国出版社，1993

［36］孔繁文. 瑞典、芬兰森林资源与环境核算考察报告［J］. 林业经济，1995(1)：76～80.

［37］李慧敏. 农用地价格理论及其应用研究［D］. 东北农业大学学位论文，2006

［38］李萍. 林地基准价格研究［D］. 南京林业大学硕士论文，2007

［39］李永吉. 人工用材林资产评估［D］. 北京林业大学硕士论文，1994

［40］林业部，国家国有资产管理局. 关于森林资源资产产权变动有关问题的规范意见(试行)［Z］. 1995. 11

［41］林业部财务司. 森林资源资产评估(培训教材)［M］. 1997

［42］刘鸣镝. 企业森林资源资产会计研究［D］. 北京林业大学博士论文，2003

［43］刘伟平. 森林价格评估方法初探［J］. 林业经济，1995(3)：17～22

［44］刘治钦. 农用土地和生物资产的确认和计量研究［D］. 中国农业大学博士论文，2004

［45］路婕. 农用地价格评估研究［D］. 河南农业大学硕士论文，2003

［46］罗江滨，陈留平，陈新兴. 森林资源资产评估［M］. 北京：中国林业出版社，2002 年

［47］罗江滨，姚昌恬，高玉英，丁立新. 森林资源资产化管理的理论与实践［M］. 北京：中国林业出版社，2002

［48］罗明灿，马焕成. 森林资源评价研究概述［J］. 西南林学院学报. 1996，（16）2：115～120

［49］马克思. 资本论（第1～3卷）［M］. 北京：人民出版社，1975

［50］马中. 环境与资源经济学概论［M］. 北京：高等教育出版社，1999

［51］孟宪宇. 测树学［M］. 北京：中国林业出版社，2006

［52］彭道黎. 森林资源资产管理理论与方法的研究［D］. 北京林业大学博士论文，1994

［53］钱阔，陈绍志. 自然资源资产化管理［M］. 北京：经济管理出版社. 1996

［54］邱俊齐. 林业经济学［M］. 北京：中国林业出版社，1998

［55］宋莎，文冰，赵从娟. 我国森林生态效益补偿标准研究进展［J］. 林业调查规划，2009（5），69～74

［56］苏东斌. 价值的概念，决定及实现［J］. 学术研究，2001（1）：59～64

［57］邰丽华. 劳动价值论的历史与现实研究［M］. 北京：经济科学出版社，2007

［58］腾泰著. 新财富论［M］. 上海：上海财经大学出版社，2006

［59］田明华，陈建成. 中国森林资源管理变革趋向：市场化研究［M］. 北京：中国林业出版社，2003

［60］魏远竹. 森林资源资产化管理研究［D］. 北京林业大学硕士论文，2002

［61］吴群. 地价理论与农用地价格评估研究［D］. 南京农业大学博士论文，2002

［62］吴延熊，周国模，郭仁鉴. 区域森林资源可持续发展的预警分析［J］. 浙江林学院学报，1999，16（1）：55～60

［63］谢建豪. 农用地价值构成与征地价格研究［D］. 河北农业大学硕士论文，2004

［64］徐秀英，郑晓平. 论我国林地征用制度存在的问题及改革思路［J］. 林业资源管理，2005（1）：18～21

［65］许正亮，余泓. 实施占用征用林地征收森林植被恢复费存在的问题及对策措施［J］，林业调查规划，2007（3）：31～34

［66］薛为昶. 对价值范畴的几点认识［J］. 学术交流，2001（11）：75～77

［67］晏智杰. 劳动价值学说新探［M］. 北京：北京大学出版社，2001

［68］燕新程. 农用地价格构成及其评估方法研究［D］. 河北农业大学硕士论文，2003

［69］杨志格. 用材林资产评估中市场比较法的改进及案例分析［D］. 福建农林大学硕士论文，2009

[70] 雍文涛. 林业分工论[M]. 北京：中国林业出版社，1992

[71] 于政中，刘建国，亢新刚. 关于森林资源资产化和林地评估的意见[J]. 林业资源管理，1995(1)：20～26

[72] 喻景深，许彦红等. 论森林外部性评价方法[J]. 昆明：西南林学院学报，2007(6)：16～20

[73] 喻燕. 从产权角度论农地征收价格估算[J]. 国土资源科技管理，2008(1)：106～111

[74] 张静，张卫民. 基于 REVA 指标的我国林业企业价值评估探讨[J]. 合作经济，2007(10)：19～21

[75] 张蕾. 中国林业分类经营改革研究[D]. 北京林业大学博士论文，2007

[76] 章莉. 资本性质新论[M]. 南京：南京大学出版社，2008

[77] 张连金，杨英自，陈平留. 征占用林地补偿标准探讨[J]. 林业勘查设计. 2007(1)：15～18

[78] 张少根，余松柏. 征占用林地征收森林植被恢复费存在问题的探讨[J]. 林业调查规划，2005(2)：97～99

[79] 张卫民，田治威，王富炜. 森林资源资产会计问题探讨. 绿色中国(理论版)，2004(9)：29～31

[80] 张卫民. 试论林木资产评估的特点[J]. 国有资产管理，1995(4)：36～38

[81] 张先德. 林业企业森林资产评估的研究[D]. 南京林业大学硕士论文，1998

[82] 张颖. 绿色 GDP 核算的理论与方法[M]. 北京：中国林业出版社，2004

[83] 张颖. 绿色核算. 北京：中国环境科学出版社[M]，2001

[84] 张颖. 欧洲森林资源核算的估价方法[J]. 绿色中国，2004(5)：46～48

[85] 张云著. 非再生资源开发中价值补偿的研究[M]. 北京：中国发展出版社，2007

[86] 赵邦宏. 企业价值评估研究：问题－对策与准则[D]. 中国农业大学博士论文，2003

[87] 赵国华，龚晓林. 森林资源的价值内涵和补偿机制探析[J]. 华东森林经理. 2004，18(2)：20～23

[88] 赵伊娜. 土地征用补偿标准研究[D]. 河南农业大学硕士论文，2006

[89] 甄学宁，陈世清. 林木生产周期与林地资产价格的关系. 华南农业大学学报. 1999(3)：81～84

[90] 中国资产评估协会. 资产评估价值类型指导意见[R]. 2007

[91] 中华人民共和国森林法[Z]. 1998

[92] 中华人民共和国森林法实施条例[Z]. 2000

[93] 中华人民共和国土地管理法[Z]. 2004

[94] 周建春. 耕地股价理论与方法研究[D]. 南京农业大学博士论文，2005

[95] 周少平. 顺昌杉木林分经验出材率表编制的研究[J]. 华东森林经理. 2006, 20 (4)：23～27

[96] 周生贤. 中国林业的历史性转变[M]. 北京：中国林业出版社，2002

[97] 周振华. 构建社会主义劳动和劳动价值理论的若干问题[J]. 学术月刊，2001 (11)：37～113

[98] 朱萍. 资产评估学教程[M]. 上海：上海财经大学出版社，2008

[99] 左宗贵. 占用征用林地管理中存在的问题及对策研究[J]. 华东森林经理. 2005, 19(1)：19～21

[100] Chadwick Dearing Oliver. Sustainable forestry：What is it? How do we achieve it[J]. Journal of Forestry. 2003, 101(5)：8

[101] Costanza R, Arge R, Groot R, et al. The Value of the World's Ecosystem Services and Natural Capital[J]. Nature. 1997, 387：253～260

[102] Daniel B. Thornton. Green Accounting and Green Eyeshades[J]. CA Magzine, 1993 (10)：34～40

[103] Frrest Capie & Geroffrey E. Wood. Asset price and the real economy[M]. New York：St. Martin's Press, 1997

[104] Goebel Allison, Campbell Bruce, Mukamuri Billy, Veeman Michele. People, values, and woodlands & colon; A field report of emergent themes in interdisciplinary research in Zimbabwe [J]. Agriculture and Human values, 2000(12)：385～396

[105] Helms, J. A. ed. The dictionary of forestry Bethesda, MD：Society of American Foresters. 1998

[106] H Gyde Lund. When is a forest not a forest [J]. Journal of Forestry, 2002, 100(8)：21～28.

[107] Hulkrantz, lars. National Account of Timer and Forest Environmental Resource in Sweden. Environmental and Resource Economics, 1992(2)

[108] Ian W. Hardie, Tulika A, Narayan, and Bruce L. Gardner. The Influence of Agricultural and Nonfarm Factors on Real Estate Values：An Application to the Mid – Atlantic RegionJ]. American J. Agricultural Economics, 2001(2)：120～132

[109] International Accounting Standards Committees[R]. International Accounting Standards, 2001

[110] International Valuation Standards Committees [R]. International Valuation Standards, 2005

[111] James C. Scott. Seeing Like a State：How Certain Schemes to Improve the Human Con-

dition Have Failed[M]. New Haven, CT: Yale University Press. 1998

[112] Jeffrey R. Vincent. A Framework for Forest Accounting [J]. Forest Science. 1999, 45 (4): 552~561

[113] LUND, H. G. Coming to terms with politicians and definitions. In Forest terminology: Living expert knowledge – How to get society to understand forest terminology eds. 2002b

[114] M. K. Dobbertin and R. Pruller, 23 ~ 44. Proceedings of IUFRO 6. 03. 02/SilvaVoc Group. IUFRO World Congress. Vienna: International Union of Forest Research Organizations, 2000

[115] Olli Tahvonen. Optimal Forest Rotation with in Situ Preferences[J]. Journal of Environmental Economics and Management, 1999(11): 106~128

[116] TEGOVOFA [R]. European Valuation Standards, 2000

[117] Tom Tietenberg. Environmental and Natural Resource Economics[M]. Addison Wesley Longman, Inc. 2000

[118] TURNER, B. L. II, and WB. MEYER. Global land use and land cover change: An overview. In Changes in land use and land cover: A global perspective, eds. WB. Meyer and B. L. Turner II, 3~10. Cambridge, UK: Cambridge University Press, 1994

后　记

在本文完成之际，首先向我的导师任恒祺教授表示衷心的感谢。从1990年进入北京林业大学攻读硕士学位研究生并留校工作至今，我每一次的进步都凝聚着导师的教诲、鼓励和帮助。尤其是以同等学历申请博士学位论文，导师又给予了精心指导。导师品德高尚，为人正直，心胸宽广，乐观豁达，成为我学习和借鉴的楷模；导师渊博的学识和严谨的治学态度将使我终生受益。

在本文的研究和写作过程中，我还有幸地得到不少老师、同仁们及专家和领导的指导和帮助，尤其是北京林业大学经济管理学院的田治威教授、田明华教授、王富炜副教授、胡明形副教授和刘祖军博士，北京林业大学林学院的孙玉军教授、王新杰副教授，福建农林大学的陈平留教授、刘健教授和郑德祥副教授，国家林业局原计资司副司长罗江滨同志、福建省林业厅原计财处处长徐益良同志等，在此一并表示诚挚的谢意。并向所有关心和帮助过我的老师及朋友们表示衷心的感谢和美好的祝福！

本文从2005年开始构思和搜集资料，虽然确定了研究目标，并有了一些基础资料，但一直没有真正进行写作阶段。其间主要困惑于两方面问题：一是徘徊于是以马克思主义劳动价值论还是以西方经济学的边际效用价值论作为理论分析的基础；二是森林生态效益问题成为研究的重点和热点，与之相比，基于森林经济效益问题的森林资源资产评估的研究是否值得进一步深入研究。直到2008年，随着国内政治经济学研究的进展及对经济学理论的理解进一步深入，最终确定了以马克思政治经济学的价值价格理论作为研究的理论基础，以劳动价值理论、生产成本理论和地租理论综合分析森林资源资产的价值与价格；另一方面，集体林区林权制度改革取得了实质性的推进，带动了森林资源资产流转的活跃，使得本研究具有了重要的现实意义。这两方面的进展使得本文的研究"柳暗花明"，又经历将近2年的时间，终于完成了本文的写作。

目前，我国林业发展迎来了新的机遇，衷心希望我国林业的产业发展和生态建设能够真正实现协调发展，也愿自己的研究成果对森林资源资产化管理、林权制度改革及林业产业发展，对推动森林资源资产评估理论与方法体系的建立与完善能起到一点参考和借鉴作用，这也是本书出版所希冀的。

张卫民

2010 年 7 月 28 日